家族そろって
ぐっすり眠れる

医者が教える 赤ちゃん快眠メソッド

医療法人社団昌仁醫修会
瀬川記念小児神経学クリニック 理事長
星野恭子 監修

昭和大学病院附属東病院
睡眠医療センター 非常勤医師
森田麻里子 著

ダイヤモンド社

＼まずはこれだけ！／
夜泣きが減る
カンタン
4ステップ

ステップ
1

午前6〜7時に起こすと夜に自然と眠くなる

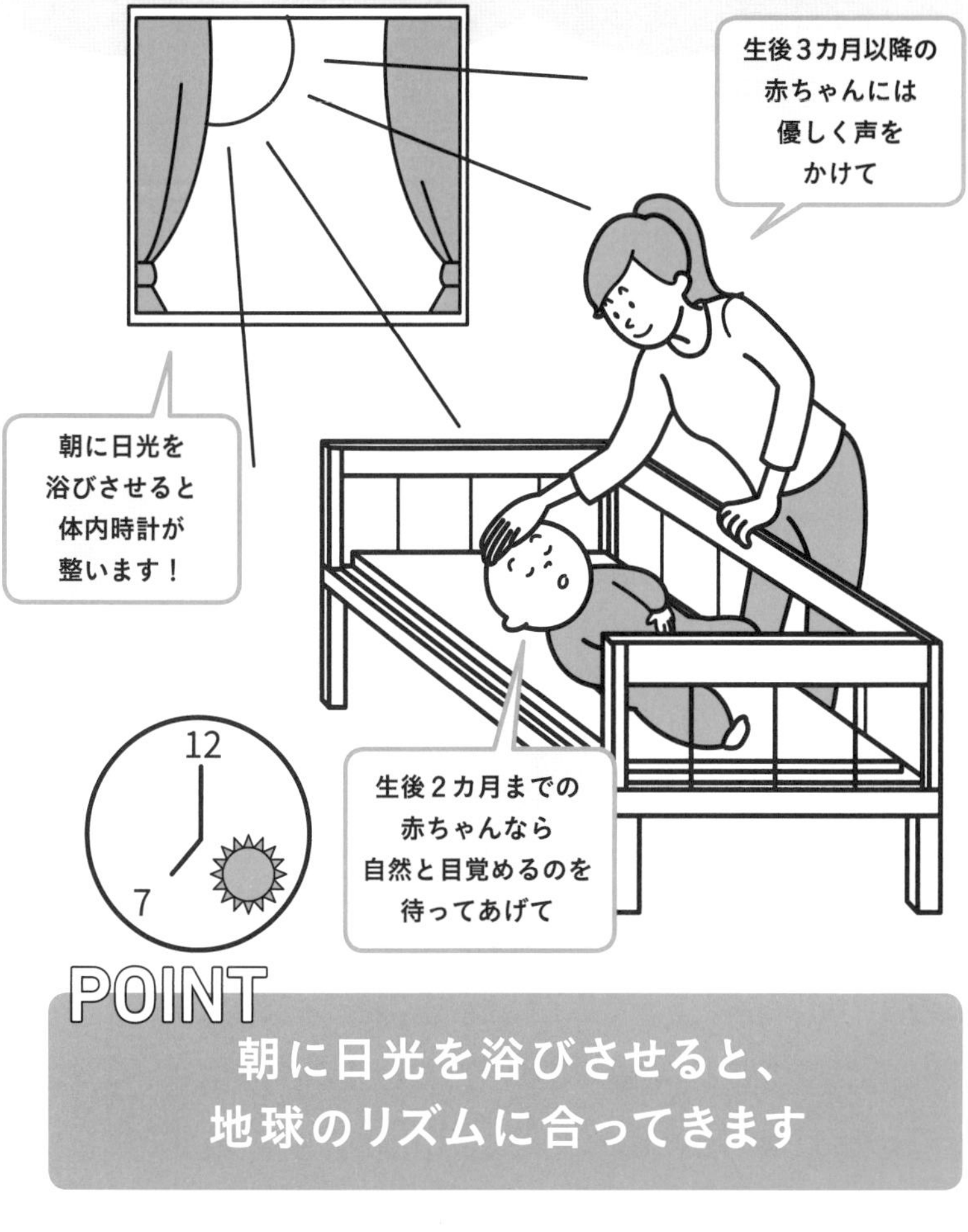
生後3カ月以降の赤ちゃんには優しく声をかけて
朝に日光を浴びさせると体内時計が整います！
12
7
生後2カ月までの赤ちゃんなら自然と目覚めるのを待ってあげて

POINT

朝に日光を浴びさせると、地球のリズムに合ってきます

まずはこれだけ！
夜泣きが減る
カンタン
4ステップ

ステップ 2
19時にお風呂に入れて寝る準備をさせる

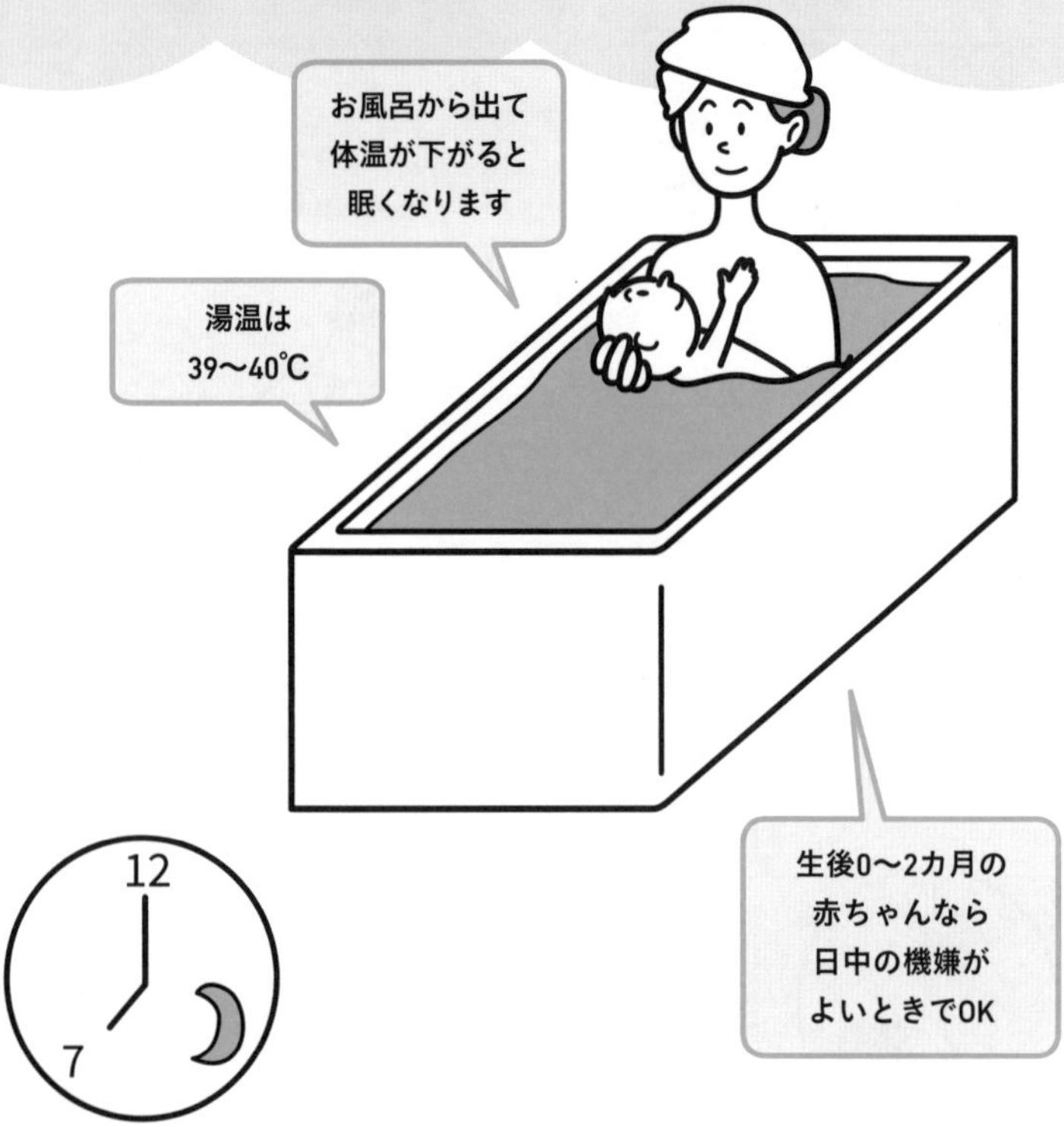
お風呂から出て
体温が下がると
眠くなります
湯温は
39〜40℃
生後0〜2カ月の
赤ちゃんなら
日中の機嫌が
よいときでOK
12
7

POINT

寝る前に毎日同じことをすることで
「そろそろ寝る時間だよ」と伝えます

＼まずはこれだけ！／
夜泣きが減る
カンタン
4ステップ

ステップ 3

20時になったら起きているうちにお布団へ

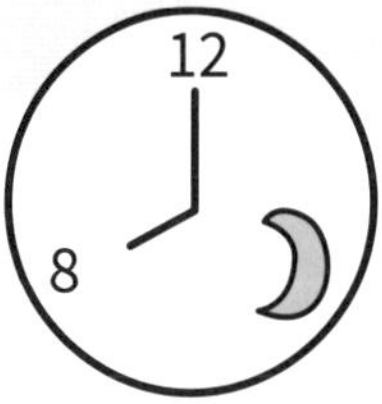
12
8

赤ちゃんが
起きているうちに
お布団に
下ろして
下ろしたら
子守唄を歌って
静かに離れます

POINT
起きたまま横にすることで
「一人で寝つくスキル」が身につきます

まずはこれだけ！
夜泣きが減る
カンタン
4ステップ

ステップ
4

寝室はできるだけ暗く
室温は冬19℃、夏26℃

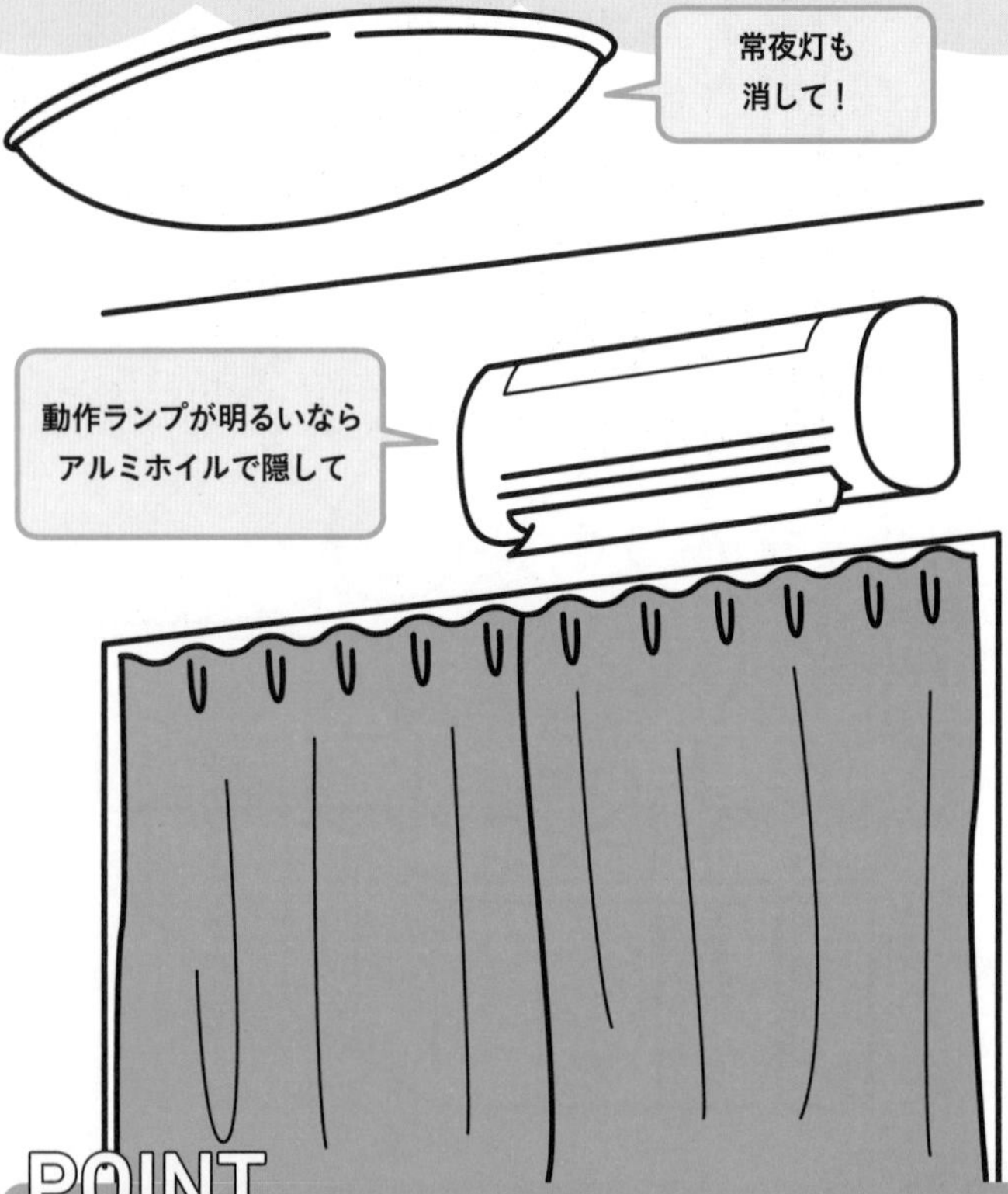

常夜灯も
消して！
動作ランプが明るいなら
アルミホイルで隠して

POINT

**寝室環境を整えるだけでも
夜泣き・寝ぐずりが改善します**

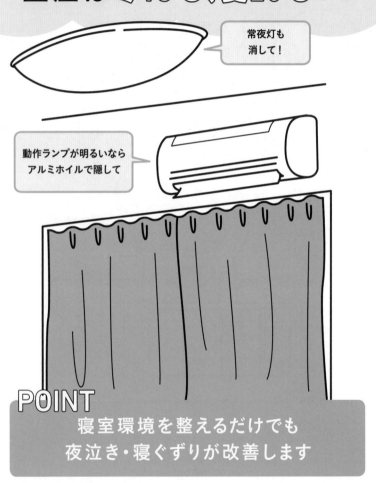

はじめに

●抱っことゆらゆらで赤ちゃんを寝かしつけたあと、お布団への着地を失敗すると、また目が覚めてしまって抱っこからやり直し。寝かしつけに1時間以上かかる

●楽に寝かしつけるために添い乳を始めたのに、逆にだんだん夜中に目が覚める回数が増えてきて、1〜2時間おきに目覚めるようになってしまった

これは、私が関わってきたクライアントさんによく見られるお悩みです。

赤ちゃんが産まれて幸せなはずの日々。

でも実際は、連日にわたる赤ちゃんの夜泣きや寝ぐずりで睡眠不足になり、イライラしてしまう。夫婦関係も悪くなってしまい、「こんなはずじゃなかった……」と思っていらっしゃるママ・パパは、とても多いのです。

「赤ちゃんだから夜泣きはしかたない」、そんなふうにいわれて、あきらめている方もいるかもしれません。

たしかに、赤ちゃんは睡眠も未熟です。新生児の赤ちゃんなら、1、2時間ごとに目覚めて泣くのはしかたがないことです。

でも、ママ・パパが睡眠不足で参ってしまうほどの夜泣きは、本当にしかたないことなのでしょうか？

赤ちゃんの夜泣きや寝ぐずりは、がまんしなくてもよいのです。

正しいやり方とちょっとしたコツを知っていれば、夜泣きや寝ぐずりはなくすことができます。

毎日6時間ぐずり続ける子が3日で即寝体質に！

私は現在、**小児の睡眠コンサルタントとして活動し、昭和大学病院附属東病院睡眠医療センターの非常勤医師としても勤務しています**。

230本以上の医学論文をひたすら読んで得た知識、また実際にクライアントさんと一緒に夜泣き・寝ぐずりを解決する中で得た経験をまとめ、赤ちゃんの睡眠で悩むママ・パパに毎日伝え続けています。

この仕事を始めたのは、私自身が息子の睡眠で困ったことがきっかけでした。

私は、もともと赤ちゃんの睡眠について、特別な知識を持っていたわけではありません。

赤ちゃんはすやすや眠るもの、と信じていました。

しかし、寝かしつけは楽になるどころかだんだんうまくいかなくなり、毎日「今晩は乗り越えられるだろうか」と恐怖心さえ持つようになっていました。

息子が生後2カ月半になったある日のこと、お昼過ぎからぐずり始め、抱っこをしたのに、いくら歌っても揺らしても寝つかず、気づけば6時間が経っていました。

そんな日がしばらく続いたため、私はここで初めて、何かが間違っているはずだと気づきました。

いくら赤ちゃんが泣くものだといっても、こんなにぐずり続けるのが普通のはずがない。何かできることがあるはず、と。

そこから赤ちゃんの睡眠について必死に調べ始め、実際に試してみました。すると、**なんと3日で、息子は泣かずに眠るようになった**のです。

個人差を超えて、赤ちゃんの睡眠についていえること

日本だけでも、毎年何十万人もの赤ちゃんが産まれています。

それなのに、赤ちゃんに生活リズムをつけさせるにはどうしたらよいか、どのように寝かしつけたらよいかという知識は、なかなか知られていません。

赤ちゃんに関わるプロであっても、夜泣きについて適切なアドバイスができる人は限られていると思います。


その理由は、乳幼児の睡眠について、研究をまとめている本がないからです。

育児という分野は、とかく精神論や個人の経験談だけで語られがちです。

もちろん、今すぐマネできる具体的なノウハウは大切なのですが、**個人差も大きいので、どうしても赤ちゃんによって向き不向きが出てしまいます**。

そこで本書では、**経験談にとどまらず、多くの赤ちゃんに普遍的に効果のある方法を追究しました。**

医学書や論文では、個人差や、結果のかたよりの影響を取り除く方法がある程度確立しています。

このような方法で証明された根拠を「**エビデンス**」といいます。**本書で紹介している睡眠トラブル解決法は、可能な限りエビデンスに基づいています。**

といっても、**本文の中ではむずかしい言葉はいっさい出てきません**ので、安心してください。

エビデンスについて詳しく知りたい方のために、巻末（205頁）に解説をまとめました。参考文献の論文一つひとつについて、どんな研究なのか、どのくらい信頼できるのかを示しています。

本文では、とても信頼できる研究や医学書に基づいている部分に◎マーク、ある程度信頼できる研究に基づいている部分に○マークをつけています。

どれも質の高い研究に基づいているので、読んでいただければきっと安心できると思います。

ねんトレは、一生役立つ赤ちゃんへのプレゼント

エビデンスに基づいた寝かしつけ方法として、本書ではいわゆる「**ねんねトレーニング（ねんトレ）**」を紹介しています。

ねんトレとは、親のサポートなしに、赤ちゃんに一人で寝つくスキルをつけるためのトレーニングのことです。

一人で寝つくことの重要性は、多くの研究で確かめられています。

２０１０年に17の国と地域の赤ちゃん約３万人を対象に行われたアンケート調査からは、**寝つくときに親がずっと一緒にいる赤ちゃんは、夜泣きする確率が高い**[○*1]ことがわかっています。

また、生後３カ月の赤ちゃん21人の様子をビデオで撮影して解析したところ、**寝**

ついてからそっとお布団に下ろされている赤ちゃんは、夜泣きする確率が高い[*2]ということを明らかにした研究もあります。


日本には添い寝の文化があり、むずかしいと感じる方もいると思います。

また、「ねんトレ」と聞いて、不安に思う方もいるかもしれません。

「泣き叫ぶ赤ちゃんを放置してかわいそう」

「赤ちゃんを一人で寝かせるなんて」

「うちの子には向いてない」

といったネガティブなイメージを持つ方もいるでしょう。

日本では仕方がないことです。


でも、もし、赤ちゃんが一人で寝つけるとしたら、ママ・パパは楽ですよね。

実は、**ねんトレは歯みがきなどと同じ教育であり、一生役立つプレゼント**なのです。


くわしい方法は第6章で説明しますが、ねんトレが始まると、赤ちゃんは最初のうちは抵抗するでしょう。

しかし、赤ちゃんが泣いているからといって、必ずしもかわいそうなことではありません。

赤ちゃんが歯みがきを嫌がって泣くからといって、歯みがきを止めるわけではありませんよね。お腹がすいていないのにお菓子を欲しがって泣く子には、お菓子を与えないでがまんさせることもあります。

ねんトレも同じです。

赤ちゃんがねんトレ中に泣くのは、自力では上手に眠れないから、いつもの方法で寝かしつけるようママ・パパに要求するためです。

ですが、**赤ちゃんが本当に求めているのは、いつもと同じ寝かしつけをしてもらうことではなく、スムーズに寝ついてぐっすり眠ること**です。

ねんトレこそ、その方法を教える手段なのです。

「ねんトレは赤ちゃんの心の成長によくない」というのも、よく聞く誤解です。

エビデンス

とても信頼性の高い医学研究によって、**ねんトレは赤ちゃんの精神面の発達に悪い影響を与えない**◎[*3]としっかりと証明されています。

なお、本書ではねんトレを解説する前に、**生活習慣や寝室環境を改善することで、赤ちゃんの寝つきをよくする方法も紹介**しています。**今日からでもできることばかり**ですので、ねんトレが気になる方も、まずは順を追って読んでいただけるとうれしいです。

お医者さんに診てもらったほうがよい5つのケース

赤ちゃんの病気が夜泣きや寝ぐずりの原因になっていることもあります。

カゼをひいて熱や咳がある・鼻がつまっているとか、アトピー性皮膚炎、ぜんそくなどの病気があると、その影響で夜泣きや寝ぐずりが起こることがあります。

乳児期の終わりから幼児になると、「睡眠時無呼吸症候群」や「レストレスレッグス症候群」といった聞き慣れない名前の病気が隠れていることもあります。

次の症状がある場合は、本書を読み進める前に、小児科に相談してください。

ケース1 眠っているときのいびきがひどい
ケース2 眠っている途中で呼吸が一時的に止まっている
ケース3 脚をお布団やベビーベッドの柵にこすりつけ、なかなか寝つかない
ケース4 夜になると脚をバタバタさせたり、絶えず脚を動かしたりする
ケース5 夜になると「脚がむずむずする」などといってマッサージをしてもらいたがる

たとえ病気があるとしても、生活習慣や寝室環境を整えることの大切さに変わりはありませんが、それだけでなく病気の治療が必要な場合もあります。
それでは早速始めましょう。

医者が教える赤ちゃん快眠メソッド

目次

第1章

朝6〜7時に起こせばすべてがうまく回りだす

第2章

月齢ごとの最高の睡眠時間

第3章

明るさ・温度・音を調整して最高の寝室にする

第4章

脳の興奮を抑えて自然と眠くなる夜のルーティン

第5章 生後0～5カ月の夜泣き・寝ぐずり対策

第6章
生後6カ月からのねんトレで夜泣きをゼロにする

第7章

赤ちゃんと子どもの睡眠お悩み相談室

第1章

朝6～7時に起こせば
すべてがうまく
回りだす

POINT 1

夜寝つけない赤ちゃんにこそ、早起きが大事な理由とは

赤ちゃんの睡眠トラブルで困っているママ・パパにまず意識してほしいのは、赤ちゃんの生活リズムです。

朝になったら自然と目覚め、夜になったら自然と寝つくという体のリズムを整えてあげましょう。

一見遠回りのようですが、これが、赤ちゃんの睡眠トラブルを根本解決する近道になります。同時に、赤ちゃんの健康を保つことにもつながります。

体の中には「**体内時計**」と呼ばれる、一日のリズムを刻むしくみがあります。特に意識しなくても、昼は元気に活動し、夜は自然に休息状態になります。

徹夜した日のことを考えてみてください。朝が来ると少し元気が出てきて、眠気が弱くなったりしますね。これが体内時計の働きです。

しかし、不規則な生活によって、赤ちゃんの体内時計がずれてしまったり、うまくリズムを刻めなかったりすると、夜泣きや寝ぐずりにつながります。

体内時計は24時間より少し長いリズムを刻んでいるので、**放っておくとどんどん遅寝遅起きになってしまいます。**

そうならないように毎日時刻合わせをすることが必要です。

いちばん強力な時刻合わせのツールが日光です。◎*1 **体内時計を整えるためには、毎朝だいたい同じ時間に起きてきて、日光を浴びることが大切**です。

日光などの強い光を浴びることによって、体に「今は朝だ！」という信号が送られます。

さらに夜になると睡眠ホルモンがたっぷりと出てきて、自然と眠くなるリズムを作っていくことができます。

夜に寝かしつける前に、きちんと朝に起こしてあげることが大切です。

POINT 2

ばっちり目が覚める朝のルーティーン

朝に日光を浴びさせ、スムーズに赤ちゃんを起こしてあげるまでの流れを、「**ルーティーン**」にまとめました。

ルーティーンとは、同じことを同じ順番で繰り返す行動のこと。

深く考えず、**毎日このルーティーンをマネするだけで、赤ちゃんの体内時計が整い、ばっちり目が覚めるようになります**（図表1-1）。

朝のルーティーン①

寝室のカーテンを開ける（すべての赤ちゃん）

図表1-1 日光を浴びると体内時計が整う
——朝のルーティーン

生後0〜2カ月

1. 寝室のカーテンを開ける
↓
2. 目覚めたらリビングへ
↓
4. 朝のお世話をしてお散歩へ

生後3カ月以降

1. 寝室のカーテンを開ける
↓
3. 優しく起こす
↓
4. 朝のお世話をしてお散歩へ

どの月齢の赤ちゃんも、**毎朝決まった時間にカーテンを開け、寝室を明るくしましょう。カーテンを開ける時間は6〜7時**がおすすめです。

くもりや雨の日でも、日光は電気の光より強力です。

寝室に窓がないときは、明るい照明をつけてください。

朝のルーティーン②
目覚めたらリビングへ（生後0〜2カ月）

生後0〜2カ月の赤ちゃんは、台所で食器を片付けたりして物音が聞こえるようにし、自然

と目が覚めるのを待ってあげましょう。

この頃の赤ちゃんはまだ体内時計が十分に働いていないので、昼夜関係なく眠ったり目を覚ましたりします。

特に生後2カ月頃は、一回の睡眠が短く、昼夜が逆転することもあります。

赤ちゃんが目を覚まし、ひととおり周りを見渡したりして落ち着いてきたら、「おはよう」といって抱き上げ、**リビングへ連れて行きます。**

日中は明るいリビングですごします。

赤ちゃんが昼と夜を区別できるようにするため、**意識して昼と夜で明るさとにぎやかさの差をつけてあげてください。**

赤ちゃんは生後3カ月頃までに、周囲の光や物音などの情報を通して、少しずつ昼と夜の違いを学んでいきます。

リビングが静かすぎると、赤ちゃんは余計に落ち着かなくなりますし、夜との区別がつきにくくなります。

あえてうるさくする必要はありませんが、テレビやラジオの音を流したり、ママ・パパが好きな音楽や童謡を流したりしてください。

朝のルーティーン③ 優しく起こす（生後3カ月から）

個人差はありますが、生後3カ月を迎える頃には、ほとんどの赤ちゃんで朝起きて夜寝るリズムが整ってきます。○*2

そうなったら、決まった時間に起こすようにしていきましょう。

「○○ちゃん、おはよう」など**と優しく声をかけ、それでも目が覚めなければ頭をなでたり、手足をさすったり、体を少し刺激します。**

ただし、ぐっすり眠っていて目を覚ます気配がない場合は、しばらく待ってから起こしてください。

眠っている赤ちゃんを抱き上げたりして無理やり起こすと、機嫌が悪くなってしまいます。あくまで優しく起こしてあげるのがポイントです。

遊園地などの特別なおでかけや旅行で、どうしても夜寝るのが遅くなってしまう日もあると思います。

そんなときは、翌日の朝は少しゆっくり寝かせてあげて大丈夫です。

ただし、その次の日の朝からは、必ず元の生活リズムに戻してあげるようにしてください。

朝のルーティーン④

朝のお世話をしてお散歩へ（すべての赤ちゃん）

母乳・ミルクをあげ、着替え、朝食などがひと通り済んだら、お散歩に出かけて、日光を十分に浴びさせましょう。

気分転換になりますし、**午前中にたっぷり日光を浴びれば、体内時計を整えて早寝早起きのリズムをつける効果もあります。**◎*3

お散歩の時間は午前中の早めがおすすめですが、天候やご家庭の都合に合わせて、時間帯は調節してください。

お散歩をおやすみしても構いませんし、午後にしても悪影響はありません。

特に夏場は午前中でも日差しが強く、かなり暑いことが多いです。夕方など、暑さが少し落ち着く時間帯を選びましょう。

お散歩ルートはどこでもOKです。

近所の児童館や支援センターに立ち寄ってもよいですし、ママ・パパがリフレッシュできるようなカフェやお買いものに行くのもよいでしょう。

POINT 3

日中にしっかり体を動かして

積極的に赤ちゃんの体を動かしてあげることも大切です。

午後になったら、お昼寝をはさんでもうひと頑張り体を動かしましょう。夜の寝つきをよくすることも期待できます。

赤ちゃんの運動にはいろいろありますが、まだ寝返りができない赤ちゃんの運動の例として、寝返り体操というものもあります。

しっかり見守りながら、起きているあいだにうつ伏せの姿勢にします。手や足をもって、赤ちゃんが仰向けになるよう回転させてあげましょう（図表1－2）。

図表1-2 手や足をもって仰向けに
——寝返り体操(生後3、4カ月〜)

❶うつ伏せの状態で赤ちゃんの手や足を持ちます

❷仰向けになるのを手伝うように、ひっくり返してあげます

寝返りやずりばいなどができるようになってきたら、家の中や児童館などでたくさん動けるよう促してあげましょう。

しっかり歩けるようになったら、公園で遊んであげてください。

保育園・幼稚園の子どもの注意点

保育園や幼稚園に通っている場合、お散歩や運動の内容は園によって大きく異なります。

1歳以上の子どもで園での外遊びが少ない場合は、17時頃までに園にお迎えに行けるようでしたら、お迎え後に少し運動させてあげるとよいでしょう。

第2章

月齢ごとの最高の睡眠時間

POINT 1

お昼寝は多すぎても少なすぎてもNG

長すぎるお昼寝は夜の睡眠に悪影響を与えるので、２歳以上の子どもや大人はお昼寝をしすぎないほうがよい[○*1]といわれています。

しかし、クライアントさんの赤ちゃんをみてきた経験からは、**お昼寝が短すぎるのもよくありません**。よく「お昼寝は15時まで」といわれていますが、それは１〜２歳の子どもの場合です。

特に１歳未満の赤ちゃんの場合、よかれと思ってやっていたお昼寝の制限が、睡眠不足によるぐずりを引き起こし、逆に夜の寝つきを悪くすることがあります。

生後６〜８カ月までの赤ちゃんなら夕方に寝てもよいのです。

赤ちゃんは、大人よりずっと多くの睡眠を必要としています。

まずは**理想的な睡眠時間を知っておきましょう。**

そのうえで、理想のスケジュールに近づける工夫をすれば、赤ちゃんの夜泣きや寝ぐずりは改善します。

理想的な夜の睡眠時間とは

生後3カ月頃から5歳までの**理想的な夜の睡眠時間は10〜12時間**です。

まずは、夜にお布団に入ってから朝お布団を出るまでのあいだが11時間以上になるようにしましょう。

朝7時に目覚める赤ちゃんでしたら、寝る時間は19〜20時のあいだにします。

アメリカ国立睡眠財団は、赤ちゃんの理想的な睡眠時間を発表しています。

これによると、**お昼寝も含めた一日の合計睡眠時間は、生後0〜3カ月で14〜17時間、生後4〜11カ月で12〜15時間、1〜2歳で11〜14時間、3〜5歳で10〜13時間**がすすめ

図表2-1 **お昼寝を抜いて10時間**
——理想的な一日の合計睡眠時間(お昼寝を含む)

月齢	推奨される睡眠時間
生後0〜3カ月	14〜17時間
生後4〜11カ月	12〜15時間
1〜2歳	11〜14時間
3〜5歳	10〜13時間

＊2をもとに筆者作成

られています(図表2−1)。

お昼寝の時間を差し引いても、やはり夜の睡眠は10時間以上必要であることがわかると思います。

POINT 2 睡眠が足りないと将来太りやすくなる

実は、赤ちゃんや子どものときに睡眠不足だと、将来肥満になったりするなど、悪影響が出やすいこともわかっています。

たとえば、９１５人の赤ちゃんを２歳まで追跡して調べた２００８年のハーバード大学の研究では、**睡眠時間が一日合計12時間未満だと、12時間以上の子どもに比べて、3歳になったときに1・7倍肥満が多い**[*3]ことがわかりました。

また、富山県の子ども約８０００人を調べた２００２年の富山大学の研究では、３歳のときに夜の睡眠時間が９時間未満だと、11時間以上の子どもに比べて１・４

倍肥満が多いことがわかりました。[*4]

同じ子どもたちを追跡した別の研究では、3歳のときに睡眠が少ないと、中学1年生になったときの肥満も多いことがわかっています。[*5]

とはいえ、「うちの子は早く寝かしつけようとしても寝つかないし、朝も早起きして元気に遊んでいるから、そんなに長く眠るなんて考えられない」と思った方もいるでしょう。

たしかに、ある調査結果によると、2〜6歳の子どものうち、夜の睡眠時間が8〜9時間程度の子どもが6％ほどいるようです。[*6]

しかしその子どもたちが本当に8〜9時間の睡眠で十分なのか、それとも眠いのに眠れていないかっただけなのかはわかりません。

いずれにしろ、**90％以上の子どもは、もっと多くの睡眠時間が必要**なのです。

赤ちゃんは眠くなったらすやすや眠るもの、というイメージがあるかもしれません。確かに7～8割の子どもはよく眠り、夜泣きで悩まされることもありません。

しかし、残りの2～3割の子どもは寝つくのが上手ではないので、本当は眠いのになかなか寝つかないことが多いのです。

そして「夜泣きや寝ぐずりをするから睡眠時間が足りなくなる」→「睡眠不足が原因で興奮したり不機嫌になったりする」→「さらに夜泣きや寝ぐずりをする」という悪循環に入ってしまうのです。

まずは朝起こすことから始めて、生活リズムを整えましょう。

そのうえで睡眠時間を確保して、このループから抜け出すことが大切です。

私のクライアントさんを見る限り、早朝に目が覚めてしまうのも、睡眠不足、寝室の環境、寝かしつけ方法が原因であることが多いです。

早く寝かせるとさらに早朝に起きるのではないかと心配になるかもしれませんが、むしろ早く寝ついたほうが朝もぐっすり眠っているケースもあるくらいです。

焦らなくても大丈夫！　まず理想の時間を知ること

こんなお話をすると、今の時点で夜の睡眠時間が10時間に届かないと、不安に感じてしまうかもしれません。

本当はもっと寝かせたくても、夜泣きや寝ぐずりがひどく、睡眠時間が短くなってしまう場合もあると思います。

しかし、焦らなくても大丈夫です。

これはあくまで理想的な時間なので、**睡眠時間が10時間以下になっていたからといって、すぐに大変な悪影響が出るわけではありません。**

焦らずに、赤ちゃんの生活リズムを少しずつ整えていきましょう。

POINT 3

「お昼寝計画」で夜もぐっすり眠れる

理想的な睡眠時間を確保するために、どのようなスケジュールを立てればよいのか、これから見ていきましょう。

私がおすすめする月齢ごとのお昼寝回数は図表2−2のとおりです。

生後6カ月くらいまででいちばん多いのは、お昼寝3回のパターンです。午前中に1回、午後早い時間に1回のお昼寝をして、夕方にもう1回寝ます。

生後9カ月になると、90％以上の赤ちゃんが2回のお昼寝（午前と午後の早い時間）をするようになります。○*7

図表2-2 乳児のあいだは最低1回お昼寝を
——月齢別のお昼寝回数と時間の目安

	夜	午前（9〜10時頃）	午後早い時間（12〜15時頃）	午後遅い時間（16〜17時頃）	お昼寝回数
生後0〜2カ月	昼も夜も寝たり起きたり→少しずつ昼夜の区別がつく				
生後3〜5カ月	10〜12時間	1時間	2時間	0.5〜1時間	2〜4回
生後6〜8カ月		1時間	2時間	0〜0.5時間	2〜3回
生後9〜11カ月		0.5〜1時間	2時間		2回
1歳		0〜0.5時間	2時間		1〜2回
2歳		—	2時間		1回
3歳		—	0〜2時間		0〜1回

＊7をもとに筆者作成

その後、1歳から1歳6カ月過ぎのあいだに、午前中のお昼寝がなくなり、2歳を過ぎてからはお昼寝をしなくなる赤ちゃんも少しずつ出てきます。[＊8]

もちろん、図表2-2の回数はあくまで目安です。

また、私の経験からおよそのお昼寝時間の目安も示しましたが、これにぴったり合わないからといって心配する必要はありません。

生後6カ月頃までは、お昼寝のタイミングや長さは、日によってばらばらなことが多いです。

短いお昼寝を4回するタイプの赤ちゃんもいれば、長めのお昼寝2回で済むタイプの赤ちゃんもいます。

図表2-2のお昼寝回数と時間を確保するためのおすすめスケジュールを、月齢別にして48頁以降にまとめました（図表2-3〜2-9）。

生後0~2カ月の睡眠スケジュール

朝目覚めたとき：朝6~7時頃になったらカーテンを開け、赤ちゃんが目覚めたらリビングへ移動します。

日中のすごし方：日中は明るくて話し声や家事をする音が聞こえる場所ですごします。昼夜の区別なく、眠ったり目を覚ましたりします。赤ちゃんのペースに合わせましょう。生後2カ月頃は昼夜逆転することもよくあります。3~4時間以上お昼寝が続くときは、途中で優しく声をかけて起こしてみましょう。ただし、無理には起こさなくても大丈夫。

母乳・ミルクの与え方：生後2~3週を過ぎたら、赤ちゃんが泣いても、毎回お腹がすいているとは限りません。すぐに母乳・ミルクを与えるのではなく、泣いている理由を考えてみましょう（↓131頁）。

夜の寝かしつけ：19時になったらリビングの照明を薄暗くします。赤ちゃんがいったん目を覚まし、その次に寝つくタイミングで真っ暗な寝室へ移動しましょう。

夜中のすごし方：授乳やおむつ替えのときも、明かりはなるべく暗くします（75

頁）。夜間はお世話のときも話しかけず、積極的には目を合わせないようにしましょう。

図表2-3 生後0〜2カ月の睡眠スケジュール

生後3～5カ月の睡眠スケジュール

朝目覚めたとき：カーテンを開け、優しく起こしましょう。目が覚めたらリビングへ移動します。

日中のすごし方：この頃には昼夜の区別がしっかりつきます。朝は6～7時頃に優しく起こし、夜も20時頃には寝かせるようにしましょう。お昼寝も暗い寝室でさせるようにします。この頃は睡眠が乱れやすい時期です。お昼寝が短いタイプの赤ちゃんは、お昼寝回数を多めにして、日中に眠くなりすぎないようにしましょう。逆に1回のお昼寝が長めのタイプの赤ちゃんは、お昼寝が2回に減ることも。

離乳食：生後5カ月を過ぎたら離乳食を始めるのがおすすめです。鉄分を意識してとらせてあげましょう。

夜の寝かしつけ：赤ちゃんが寝る1時間前からお風呂に入れましょう。夜のルーティーンをして寝かしつけます（106頁）。

夜中の対応：授乳やおむつ替えのときも、明かりはなるべく暗くします（75頁）。夜間はお世話のときも話しかけず、積極的には目を合わせないようにしましょう。

図表2-4 生後3〜5カ月の睡眠スケジュール

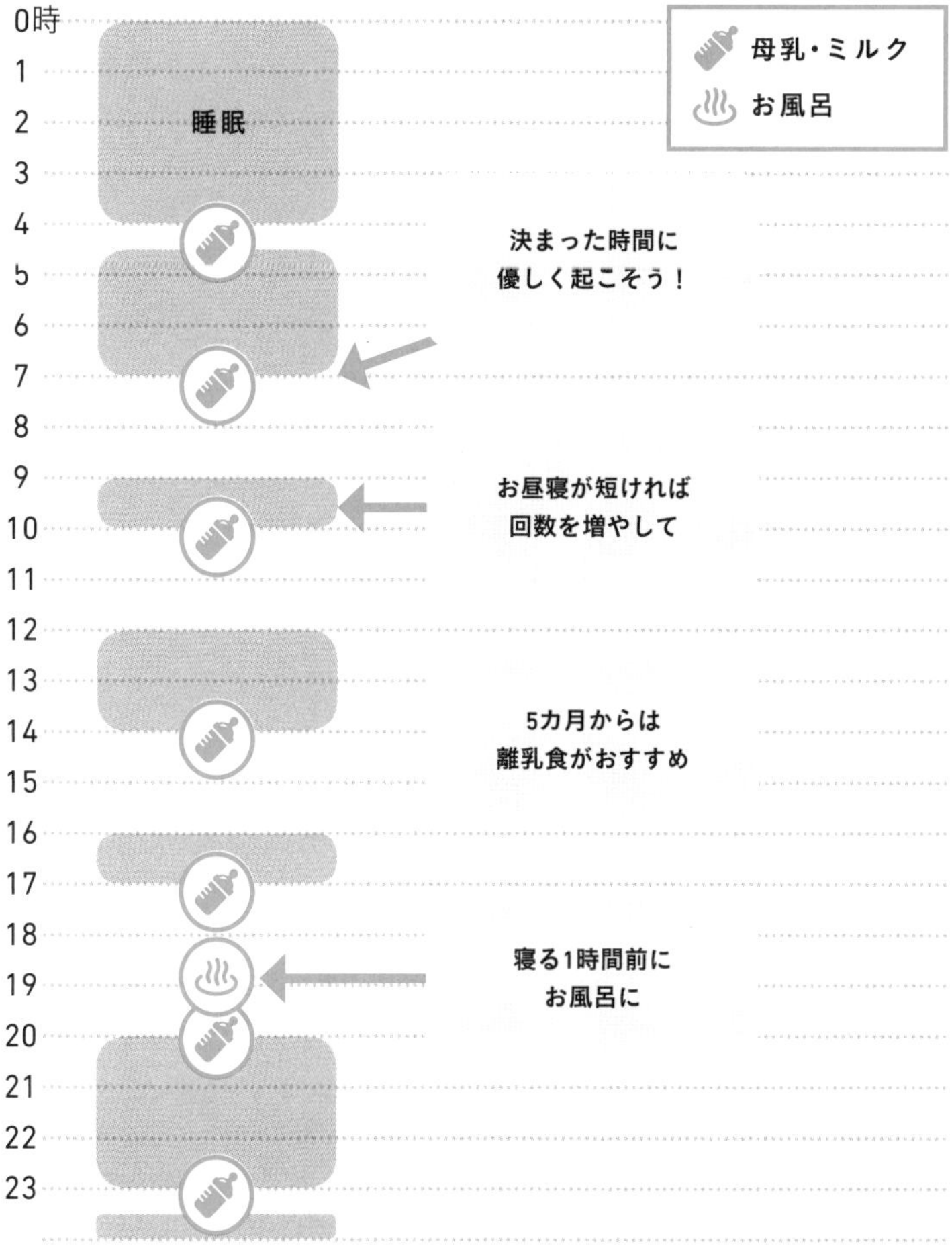

生後6～8カ月の睡眠スケジュール

日中のすごし方：この時期になると、多くの赤ちゃんのお昼寝が2回に減っていきます。夜の寝つきが悪く、頑張って午後遅い時間のお昼寝をさせても改善しない（または悪くなる）場合は、お昼寝を1日2回にしてみます。そうすると就寝時間の前に眠くて機嫌が悪くなってしまうなら、一時的に就寝時間を30分ほど早めてみましょう。

お昼寝のスケジュールも少しずつ安定してきます。午前中のお昼寝↓午後のお昼寝の順で、だいたい決まった時間に眠るようになります。

離乳食：離乳食に慣れてきたら、少しずつ一定の時間に食べさせてあげるようにしましょう。

夜の寝かしつけ：赤ちゃんが寝る1時間前からお風呂に入れましょう。夜のルーティーンをして寝かしつけます（106頁）。

夜中の対応：第1～4章の内容を行っても夜泣きや寝ぐずりをしている場合、この時期からはねんねトレーニングがおすすめです（146頁）。

図表2-5 生後6〜8カ月の睡眠スケジュール

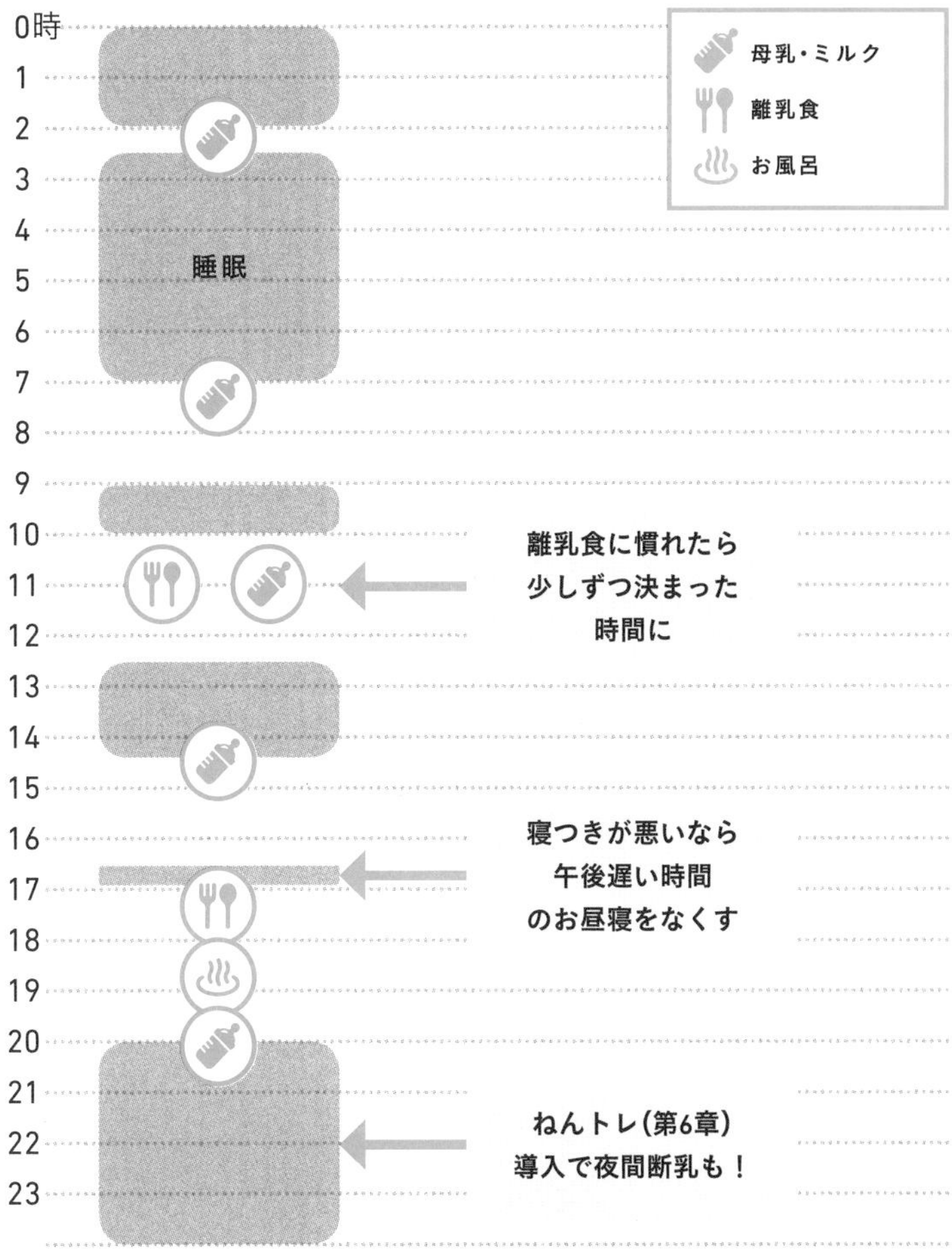

生後9〜11カ月の睡眠スケジュール

日中のすごし方：この時期にはほとんどの赤ちゃんでお昼寝が2回に安定します。

夜中の対応：生後9カ月を過ぎても夜中に目が覚めるのは、通常、お腹がすいているからではありません。第1〜4章の内容を行っても夜泣きや寝ぐずりが続く場合、ねんトレがおすすめです（146頁）。

図表2-6 生後9〜11カ月の睡眠スケジュール

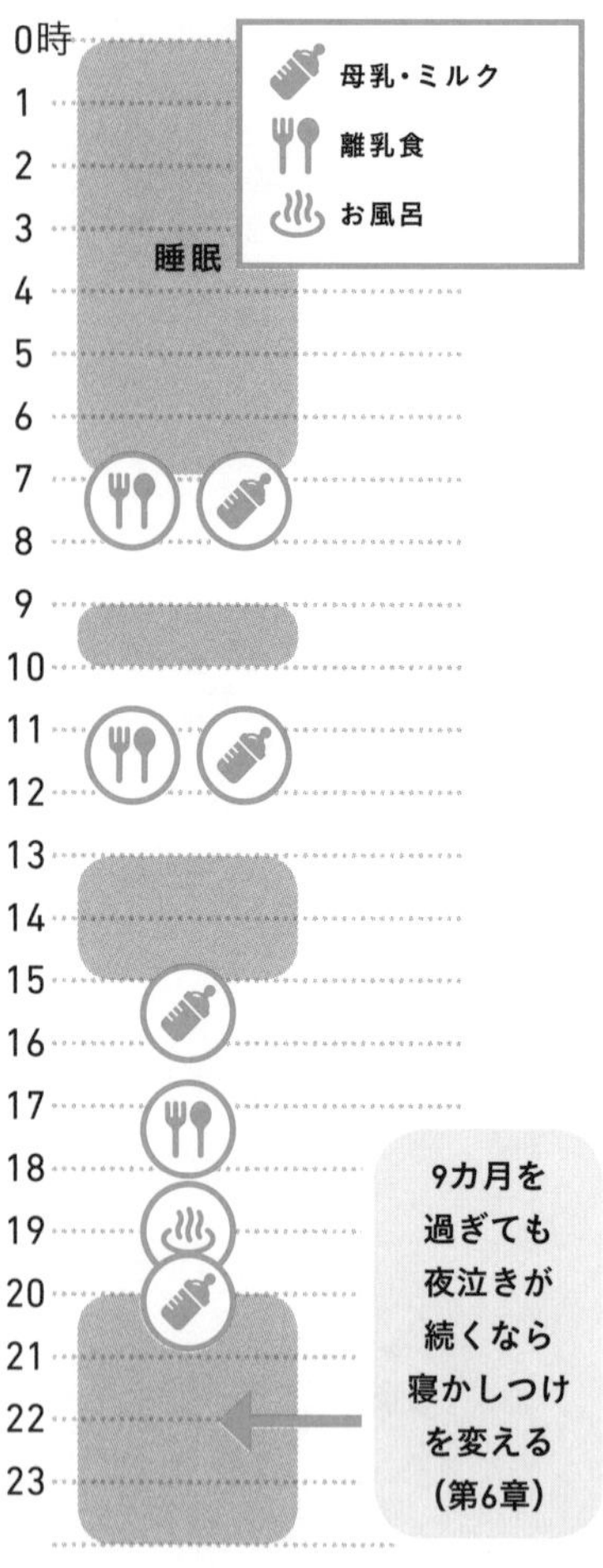

1歳～1歳5カ月の睡眠スケジュール

日中のすごし方：少しずつお昼寝が1回に減ります。午前中のお昼寝をさせると午後のお昼寝の寝つきが悪い、またはお昼寝が短くなって夕方に疲れすぎてしまう場合、午前中のお昼寝をなくしましょう。

母乳・ミルクの与え方：卒乳した子には、牛乳をコップやストローマグで飲ませましょう。

夜の寝かしつけ：ねんねのお友だちを導入しましょう（96頁）。小さなタオルやぬいぐるみなど、窒息の危険がなく洗濯可能なものがおすすめです。

図表2-7
1～1歳5カ月の睡眠スケジュール

1歳6カ月～2歳の睡眠スケジュール

日中のすごし方：夜の寝つきが悪い場合は、お昼寝の時間を30分短くしてみましょう。体力が余っている場合は、午後のお散歩や公園遊びもおすすめです。

夜の寝かしつけ：いろいろな要求をしてきて、なかなか寝ようとしない子が出てきます。ルーティーン（106頁）を守りましょう。うまくいかない場合はポスター作戦（191頁）を。

図表2-8　1歳6カ月～2歳の睡眠スケジュール

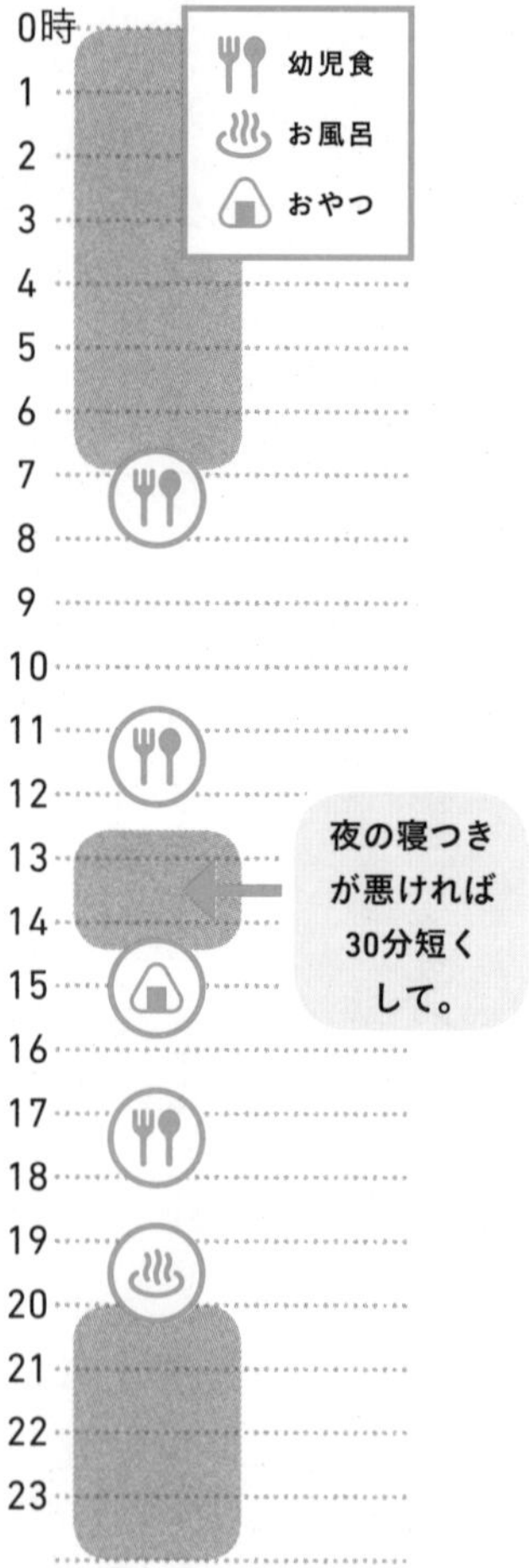

3〜5歳の睡眠スケジュール

日中のすごし方：まだお昼寝をしている子でも、お昼寝をしない日が増えてきます。週末に夜更かししないよう、平日と同じ生活リズムを守りましょう。

夜の寝かしつけ：寝る前の時間帯にテレビやスマホなど見せないように、ご家庭の中でルールをしっかり決めましょう。

図表2-9 3〜5歳の睡眠スケジュール

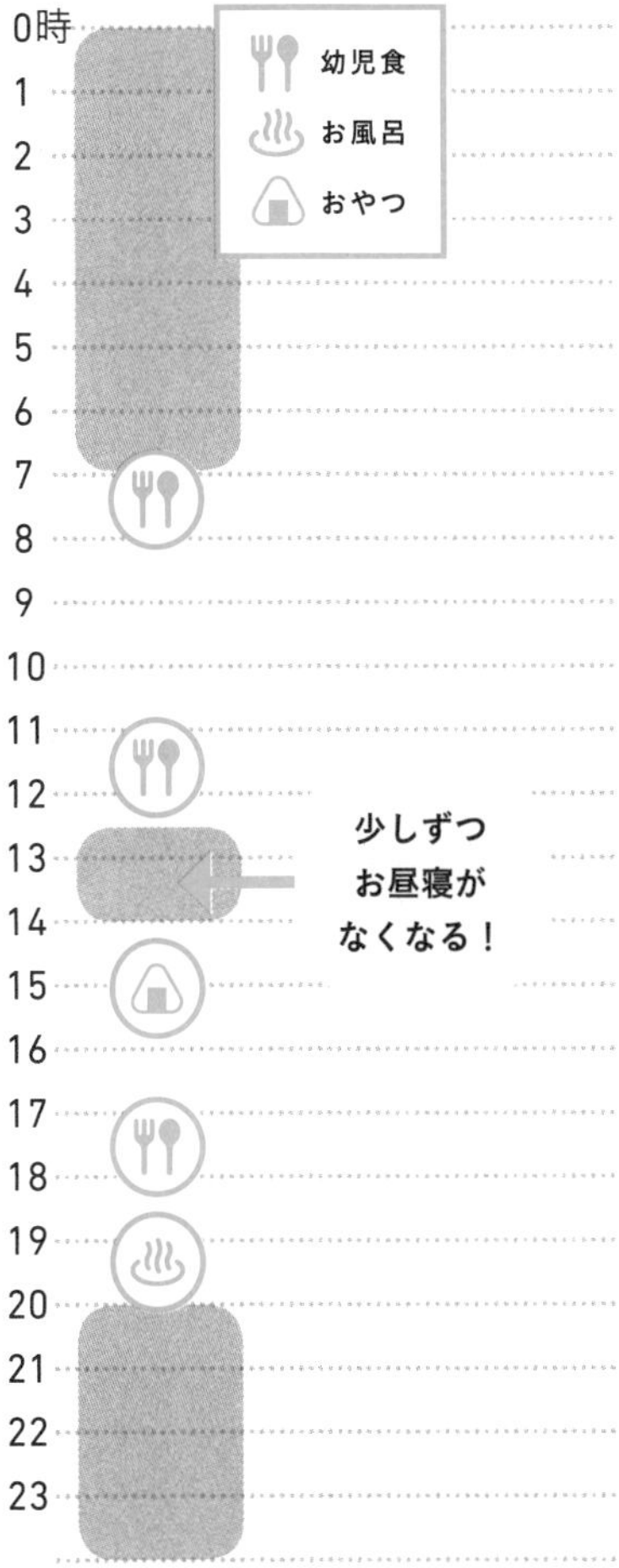

POINT 4

保育園での多すぎるお昼寝、少なすぎるお昼寝の対処法

保育園でお昼寝をたっぷりしすぎると、夜の寝つきが悪くなることがあります。○*9 厚生労働省が出している『保育所保育指針』では、睡眠時間は子どもに合わせて一律とならないよう配慮することが求められています。お昼寝が必要ない場合は、保育園の先生と相談してみてください。

先生と顔を合わせるお迎え時や、連絡帳の記入欄を利用して、お昼寝をすると就寝時間が遅くなってしまうことを伝えてみましょう。

逆に、周りの赤ちゃんが起きていると、眠りたいのに眠れなくなってしまう敏感な赤ちゃんもいます。

たとえば、本当は2回のお昼寝が必要でも、遊びの時間が午前のお昼寝の時間と重なってしまい、お昼寝が1回だけになってしまうことがあります。

そうすると、赤ちゃんはとても眠くて疲れた状態で園から帰ってくることになります。

機嫌の悪い赤ちゃんの寝かしつけにしばらく苦労するかもしれません。

このような場合は、お風呂はシャワーだけですませるなど工夫して、帰宅後はなるべく早く寝かせてあげるようにしましょう。

POINT 5

スケジュールが合わないときは「起きている時間」で微調整

ここまで、月齢ごとのお昼寝スケジュールや、保育園で工夫できるポイントについてお話ししてきました。

しかし、48~57頁のスケジュールに合わない子もいるかもしれません。睡眠スケジュールどおり眠ってくれればよいのですが、赤ちゃんによってはあまり合わない場合があります。

そういう場合は、赤ちゃんの**「起きている時間」を目安にしてお昼寝をさせるとよいでしょう。**

実は、月齢の低い赤ちゃんの場合、**一度目を覚ましてから元気に起きていられる時**

図表2-10 **生後6カ月までは1〜3時間が目安**
——赤ちゃんが元気に起きていられる時間

生後0〜2カ月頃	およそ1〜2時間
生後3〜6カ月頃	およそ2〜3時間

＊10をもとに筆者作成

間には限界があります。

その時間は生後0〜2カ月ならおよそ1〜2時間、生後3〜6カ月ならおよそ2〜3時間です（＊10）（図表2-10）。

たとえば、生後4カ月の赤ちゃんが朝の10時に午前中のお昼寝から目覚めたとします。

そうすると、次に眠くなるのは2〜3時間後の午後0〜1時くらいです。

この時間帯を過ぎて、母乳・ミルクをあげたばかりなのに泣いているとしたら、赤ちゃんは眠くて泣いているのかもしれません。

もちろん、起きていられる時間はいつも正確に決まっているわけではなく、一日の中でも変化します。

起きていられる時間を目安にしながら、ちょうど眠くなるタイミングでお昼寝の寝かしつけをしてみましょう。

そして生後6～9カ月頃に2回のお昼寝でスケジュールが安定してきたら、それぞれの赤ちゃんのスケジュールに沿って、毎日決まった時間にお昼寝の寝かしつけをしていきましょう。

お昼寝から起こすタイミングは、就寝時間から逆算

お昼寝をしすぎて夜の寝つきが悪くなる、ということも起こりえます。そのような場合は、お昼寝から起こすことも必要です。

図表2－11を目安に、一日の最後のお昼寝を終わらせるようにしましょう。起こすときは、まず寝室を明るくして、優しいトーンで声かけをしながら、手足を軽くなでたりさすったりします。

急に抱き上げたりすると、ぐずりの原因になります。時間がかかっても焦る必要はありません。優しく起こしてあげましょう。

図表2-11 夜寝る時間から逆算する
——お昼寝から起こす時間の目安

お昼寝3回以上の赤ちゃん（目安：生後3〜5カ月頃）	就寝時間の2〜3時間前
お昼寝2回の赤ちゃん（目安：生後6〜11カ月頃）	3〜4時間前
お昼寝1回の子ども（目安：1歳以上）	5〜6時間前

特に幼児期に入ってくると、お昼寝が長すぎて夜の寝つきが悪くなってしまうことが多くなってきます。

2歳を過ぎて夜の寝つきが悪くなったら、お昼寝が長すぎるかもしれません。

そのような場合は、お昼寝をいつもより30分程度短く切り上げて、途中で優しく起こしましょう。

POINT 6

最適な寝かしつけタイミングがわかる8つのサイン

時計を見る以外にも、赤ちゃんの様子を観察することで、最適なお昼寝タイミングを見極めることもできます。

個人差はありますが、赤ちゃんが眠くなると見せる典型的なサインを図表2－12にまとめました。*11

赤ちゃんは、眠くなってもあくびをしたり目をこすったりするとは限りません。**手足をばたつかせたり、ハイテンションで興奮したりするような様子も、眠くなってきているサイン**です。

それを通り越してしまうとぐずったり泣いたりしますが、そうなると寝かしつけはむずかしくなってしまうことがあります。

そんな時は、赤ちゃんがひどくぐずり出す前に、お昼寝の寝かしつけを始めたほうがよいのです。

とはいえ、赤ちゃんが遊びに夢中だったりすると、その場では眠気が吹き飛んでしまい、サインがわかりにくいことがあります。

どんなサインを出したときに寝つきやすいかも、赤ちゃんによって違います。

目覚めてからの時間（図表2-10）と赤ちゃんのサインの両方を参考に、試行錯誤しながら、よいタイミングを見つけていきましょう。

なお、お昼寝が必要なくなる時期は、個人差も大きいです。

2歳ちょうどでは、まだ80%以上の子どもがお昼寝をしますが、3歳では約60%に減り、6歳までにはほとんどの子どもがお昼寝をしなくなります。[*12]

日中に眠くなっているサインが出ていないか確認しながら、徐々になくしていきましょう。

サイン
3

指やこぶしを
しゃぶる

サイン
4

目をこする、
耳を引っ張る、
抱っこすると
顔を親の胸に
こすりつける

サイン
5

背中を反らせる、
手足をばたつかせる

図表2-12 赤ちゃんが眠くなっているサインまとめ（個人差があります）

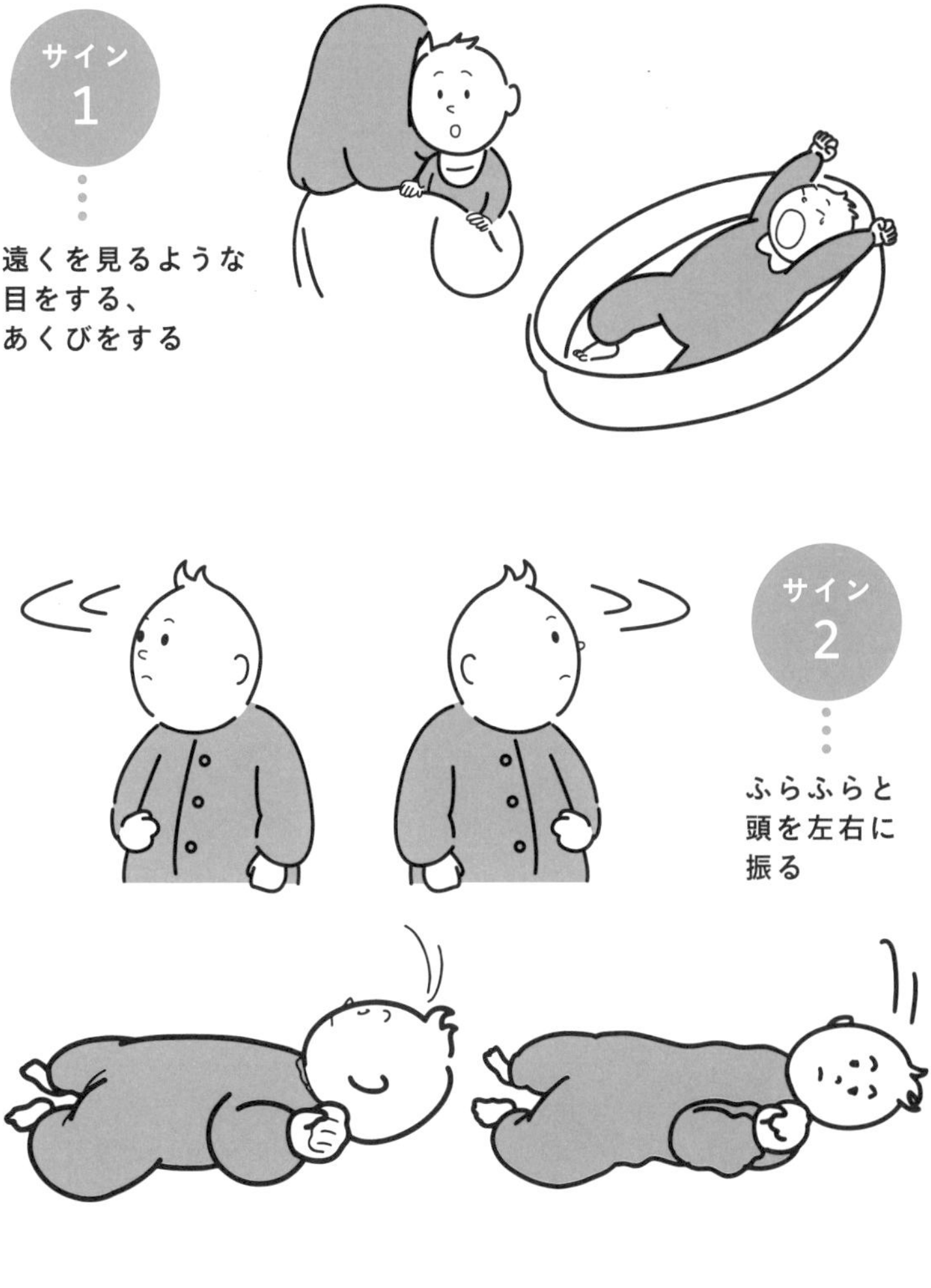
サイン1
遠くを見るような
目をする、
あくびをする
サイン2
ふらふらと
頭を左右に
振る

図表2-12 赤ちゃんが眠くなっているサインまとめ　続き

（個人差があります）

サイン 6 …… ハイテンションなのに、
あやすのをやめると
すぐ不機嫌になる

飽きっぽく、
おもちゃを次々に
取り替える …… サイン 7

サイン 8 …… 動きが荒く、
おもちゃの扱いが雑で、
イライラした様子

POINT 7

「昼のルーティーン」でお昼寝がスムーズになる

お昼寝の時間になったら、「**ルーティーン**」をすることで、寝かしつけがスムーズになります。

朝起こすときと同じように、お昼寝の前にも、毎回同じ手順で同じことをしてあげるのです。

それまで楽しく遊んでいたのに、急に寝室に連れて行かれたら、赤ちゃんはびっくりしてしまいますよね。

寝かしつける前に毎回同じルーティーンをすることで、「これから寝るんだよ」と赤ちゃんに教えてあげることができます。

図表2-13 赤ちゃんが自然と眠くなる——昼のルーティーン

1. 絵本
↓
2. おやすみのごあいさつ
↓
3. 子守唄

激しい遊びを止めて落ち着いてすごすことで、リラックスする効果もあります。

ルーティーンの内容は、**図表2-13**にまとめました。

昼のルーティーン①

絵本（絵本に興味が出てきたら）

抱っこしながら絵本を読んであげます。

リラックスできるような内容で、赤ちゃんが好きな絵本を読みます。

ママ・パパが1冊に決めてもよいですし、毎日違う絵本を選んでもOKです。

赤ちゃんの気が散ってしまい、ほかの絵本に注意が向く場合は、赤ちゃんの好みに従って違う絵本に替えてみましょう。

おもちゃに夢中で絵本に集中しないときは、無理に絵本を読む必要はありません。（所要時間の目安：3分）

昼のルーティーン②

おやすみのごあいさつ（生後3カ月から）

赤ちゃんを抱っこして、ぬいぐるみやおもちゃ、キッチンやお風呂などに「おやすみなさい」といいながら寝室へ向かいます。（所要時間の目安：1分）

昼のルーティーン③

子守唄（すべての赤ちゃん）

寝室に入ったら、お布団に寝かせます。
そして、子守唄を歌ってあげてください。

ねんねのときの歌は一つに決めて、お昼寝でも夜でも、寝かしつけのときに毎回歌うようにしましょう。

「ゆりかごの唄」「シューベルトの子守唄」「七つの子」「赤とんぼ」などが、個人的に歌いやすくておすすめですが、決まりはありません。

リラックスできて、赤ちゃんもママ・パパも好きな曲を選びましょう。

以上が昼のルーティーンです。

もちろん、ルーティーンは夜寝る前にも効果的です。

お風呂に入ってから寝るまでの約1時間にも、おすすめのルーティーンがあります。こちらは第4章で説明します。

第3章

明るさ・温度・音を調整して最高の寝室にする

POINT 1

寝つきやすい寝室を作る7つの条件

部屋の明るさや温度といった寝室環境について、何が正解なのかは、多くの育児書には書いていていません。

そのため、**照明の常夜灯をつけたまま眠っていたり、夜中に赤ちゃんが目を覚ますと明るく電気をつけてしまったりするケースがよく見られます。**

実は、これは逆効果なのです。

寝つきやすい環境とはどのようなものか、ある程度研究でわかっていることを7つの条件にまとめました。ちゃんと整えて、赤ちゃんがぐっすり眠れるようにしてあげましょう。

POINT 2
条件❶ できる限り真っ暗にする

寝室環境でいちばん大切なのは、遮光することです。

夏になると日の出が早くなり、起床時間には寝室がかなり明るくなってきます。そうすると、大人でも早く目が覚めてしまいますよね。

寝室が明るいと、睡眠は浅くなり、目が覚めやすくなります。いったん目が覚めると、明るい中では再び寝つくのもむずかしくなります。

朝までぐっすり眠ってもらうには、起床時間まで寝室を暗く保てるよう、しっかり遮光することが重要です。

たとえば、私のクライアントさんの中には、日の出が早くなる4月頃から朝5時前に赤ちゃんが目覚めてしまう方がいました。
カーテンを遮光タイプに替え、隙間からの光もカバーしたところ、朝6時まで眠ってくれるようになりました。

1級遮光カーテンを使って、できる限り光が入らないようにしましょう。

「**カーテンボックス**」と呼ばれるレールカバーがあると理想的ですが、なくても、レールの上にブランケットをかぶせておくことで代用できます。
朝になったらカーテンを開けてしっかり日光を取り入れましょう。

常夜灯やエアコンの動作ランプも明るすぎ

常夜灯や小さなナイトライトも消してください。

夜中に授乳やミルク、おむつ替えなどのお世話でライトが必要なときに一時的につけるのはよいのですが、終わったらライトは消しましょう。
使うライトは、**床置きタイプやコンセントに挿すタイプの薄暗い暖色系ライトがおす**

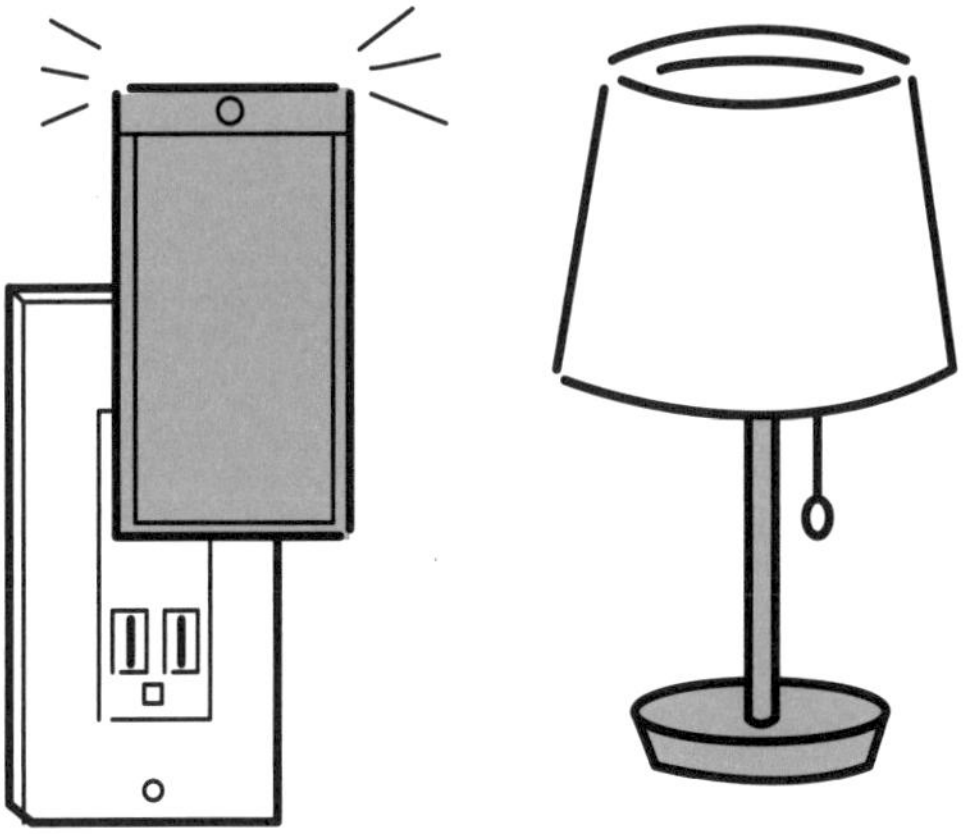

すめです。

できるだけ赤ちゃんから離れた位置から照らすようにします。

ただし、2歳を過ぎて暗闇を怖がるようになった場合は、ナイトライトはつけたままにしてもかまいません。

エアコンや加湿器、ベビーモニターの動作ランプも要注意です。

製品によってはかなり明るく光るものがあるので、アルミホイルやテープを使ってカバーしてください。

赤ちゃんがなかなか寝つかないときに、寝室の電気をつけたり、リビングへ連れていって遊んだりする方も多いのですが、これもできれば避けましょう。

本当は夜なのに、「今は昼間だよ」というサインを赤ちゃんに送ってしまうことになり、余計に寝つかない原因になります。

さらに、「寝ぐずりすればママ・パパが遊んでくれる」と学習させてしまう危険もあります。


夜の就寝時間から朝の起床時間までは、赤ちゃんがたとえ目を覚ましてしまっても、暗い寝室の中ですごさせるようにしてください。


とはいえ、寝ぐずり泣きがずっと続いて追いつめられるときもあると思います。

そういうときはいっそのことリビングに移動してドラマでも観ながら遊ばせておいたり、外へお散歩やドライブにでかけたりしたほうが、ママ・パパのストレスが少なくて済むかもしれません。

あくまでも無理のない範囲でやってみてください。

POINT 3

条件❷ 生後2カ月まではお昼寝もリビングで

生後0～2カ月頃のお昼寝の場所は、寝室にせず、リビングに敷いたお布団やベビーベッドで寝かせるのがおすすめです。

お昼寝中は、夜と違い、部屋を暗くする必要はありません。とはいえ、強いライトや直射日光が当たる場所は避けてください。

この時期の赤ちゃんは周りの環境から昼夜の区別を学ぶので、お昼寝も明るい部屋でさせてあげましょう。

生後3カ月頃には昼夜の区別がついて、夜にまとまって眠るようになります。昼夜の区別がついたら、**夜と同じように、暗い寝室で寝かせるようにしましょう。**

私のクライアントさんの中でも、暗い場所でお昼寝をさせたら、赤ちゃんが長く眠れるようになった方は多いです。

暗い寝室に行くこと自体が「これから寝るんだよ」という合図になります。

とはいえ日中は、どんなに光が入らないようにしても、夜と同じように真っ暗にするのはむずかしいと思います。

夜と同じとはいかなくとも、**周囲のものがよく見えない程度に暗くしたいですね**。

寝室に置いてあるおもちゃが見える場合は、片付けるか、カバーをかけるようにしてください。

外出しているときは、抱っこ紐やベビーカーの中でもＯＫ

外出しているときのお昼寝は、抱っこ紐やベビーカーの中でも大丈夫です。

家にこもってお布団で寝ないといけないわけではありません。

ママ・パパの用事で外出することもあるでしょうし、用事がなくても外出するのはリフレッシュのために大切なことです。

抱っこ紐やベビーカーの中でないとなかなか寝つかない赤ちゃんも同様です。

無理にお布団で寝かしつけてもなかなか寝つかず、睡眠不足で夜の睡眠が乱れてしまったら本末転倒です。

まずはやりやすい場所で寝かしつけして、十分に睡眠をとらせることを優先してください。

POINT 4

条件❸ 冬は18〜20℃、夏は25〜27℃

寝室の温度や湿度について、厚生労働省は心地よいと感じられる程度に調整するようすすめています。[*1] 具体的な温度としては、**アメリカ国立睡眠財団がすすめる、18〜19℃前後が目安になります**。[*2]

お住まいの地域にもよりますが、夏や冬はエアコンをつけて室温をコントロールしましょう。

赤ちゃんは、大人に比べて体温を調節する力が未熟ですし、暑かったら脱ぐ、寒かったら着るというような調節を自分ですることができません。

暑すぎる・寒すぎる環境はぐっすり眠れない原因になりますので、服装を調節するだけでなく、室温もコントロールしてください。

冬のエアコン設定温度は18〜20℃が目安です。

暖房をつけると湿度が下がってしまいますので、**加湿器を併用し、50〜60%の湿度を目標に加湿**しましょう。

加湿器にはいろいろなタイプがあります。水を加熱して蒸気を出す**スチーム式やハイブリッド式がおすすめ**です。こまめにお掃除をしてください。

一方で、夏に室温をそこまで下げるのは現実的ではありません。**設定温度は25〜27℃程度にして、あとは服装で調節すればよい**でしょう。

湿度が高すぎる場合が多いので、室温を下げても蒸し暑く感じる場合は、除湿も併用してください。

暑さ寒さはお住まいの地域や住宅環境によっても大きく違います。

必ずしも温度計をつけて管理する必要はありませんが、**大人がちょっと涼しいかなと感じるくらいに調整**しましょう。

POINT 5

条件④ 睡眠の質を上げる「おくるみ」と「スリーパー」

次に、赤ちゃんが眠るときの理想的な服装についてお話しします。

私が息子を出産してまだ入院していたとき、助産師さんがバスタオルで息子をピッタリと包んでくれたことがありました。

すると泣いていた息子は静かになって、すやすや眠り始めたのです。

当時の私は睡眠に関する知識がまったくなく、それが「おくるみ」であることさえわかっていなかったのですが、それでも効果に驚きました。

おくるみで包まれると、ママのお腹の中で子宮の壁に包まれていたときの状況に近くなり、赤ちゃんが安心できるという説もあります。

生後3カ月くらいまでの赤ちゃんは、ぜひおくるみを使ってみてください。

おくるみは、包み方が大切です。

脚は自由に動くようにしますが、両手は動かないように巻きましょう。

エビデンス

おくるみをしていることで、睡眠の質がよくなることを示した論文もあります。◎*3

2005年にベルギーのブリュッセル自由大学から発表された研究では、生後1～3カ月の赤ちゃん16人を、おくるみをした状態としない状態で寝かせて脳波を測定しました。

すると、おくるみをしたほうが、ノンレム睡眠が増え、睡眠途中の覚醒も減ったことがわかりました。

おくるみをしたら、掛け布団は必要ありません。

冬場は下着やパジャマ、室温で体温調整をしましょう。

生後3～4カ月頃になり、こぶしや指をしゃぶれるようになってきたら、片手を出して巻くようにしてみてください。

片手出しに慣れたら両手を出してみて、それで寝つけるようになったら卒業です。

寝返りを始める前に、スリーパーに変えましょう。

スリーパーは「暖かさ」で選んで

おくるみを卒業したあとは、掛け布団のかわりに「**スリーパー**」という着るタイプの毛布を着せましょう。

赤ちゃんが寝返りやハイハイなどをし始めると、眠っているあいだにもどんどん動いてしまって、掛け布団の下にとどまるのはむずかしくなってきます。

スリーパーなら、掛け布団のように蹴飛ばしてしまうこともないですし、顔にかかって窒息するリスクもないので安心です。

スリーパーの素材は、**春・秋は、ガーゼを重ねたものがよい**でしょう。

真冬は、中綿入りで足元が袋状になっているスリーパー（スリープバッグ）がおすすめです。

ただし、帽子のように顔周りまで覆ってしまうものは避けてください。

スリーパーによっては、「tog《トグ》」という単位で暖かさの度合いを示しているものもあります。

春・秋は1・5〜2tog程度、冬は2・5tog程度のものがよいでしょう。

真夏は、パジャマを着ていればスリーパーはなくても大丈夫ですが、エアコンの効き具合によっては冷えてしまうかもしれません。

その場合は、エアコン設定温度を少し上げるか、薄手のスリーパーを着せてください。

春・秋用のものでもよいですし、種類は多くありませんが、ガーゼ一重の夏用スリーパーも売っています。

図表3-1にパジャマやスリーパーの素材・厚さの目安をまとめました。

図表3-1 パジャマ・スリーパーの素材・厚さまとめ

お住まいの地域や住宅環境によって、暑さ寒さは大きく変わりますので、実際に赤ちゃんの様子を見ながら、服装や室温を調節しましょう。

特に冬は、着せすぎに注意してください。**寝ているあいだに赤ちゃんが汗をかいていたり、胸を触ったときに熱く感じたら、暑すぎるサイン**です。

赤ちゃんの寝具と突然死の関係

実は、赤ちゃんの寝具は「**乳幼児突然死症候群**（ＳＩＤＳ《シッズ》）」のリスクが関わっています。

ＳＩＤＳとは、元気な赤ちゃんが睡眠中に突然亡くなってしまう病気です。

日本でも毎年１００人くらいの赤ちゃんがＳＩＤＳで亡くなっています。

ＳＩＤＳの原因ははっきりしていませんが、予防のためにできることはいくつかわかっています。

たとえば、アメリカでは、ＳＩＤＳのリスクを下げるための方法として、次のことがすすめられています。

ＳＩＤＳのリスクを下げる寝室環境チェックポイント[*4]

- スリーパーなどの寝具は、毛布と比べ、頭部にかぶさったり巻きついたりするリスクを下げつつ、赤ちゃんを暖かく保てるため、望ましい。
- ＳＩＤＳや窒息のリスクを下げるため、枕やぬいぐるみ、クッションなど、やわらかいものを赤ちゃんのお布団の近くに置かない。また、毛布やたるんだシーツもお布団の近くに置かない。
- 赤ちゃんは硬い表面の場所に寝かせる(ぴったりフィットするシーツをかけたマットレスなど)。
- ベビーベッドに取りつけるベッドバンパーは赤ちゃんには推奨されない。
- 少なくとも生後６カ月まで、できればⅠ歳までは、赤ちゃんは両親と同じ部屋で両親と別の布団やベッドで寝るのがよい。

POINT 6

条件❺ おすすめはベビーベッド

赤ちゃんをベビーベッドで寝かせるか、お布団で寝かせるかは多くの方が悩むことだと思います。

私のおすすめは、2歳になるまでベビーベッドで寝かせることです。

なぜかというと、**ベビーベッドのほうがお布団より夜泣きをするリスクが低くなる可能性があり、安全な環境に整えやすい**からです。

2005年に日本の国立精神・神経医療研究センターから発表された研究結果では、赤ちゃんから幼児までの子ども481人の母親へのアンケートを元に、夜泣きに関わる要因が調べられています。

その結果、生後3～6カ月で、夜泣きをしない赤ちゃんの中でベビーベッドに寝ていたのは41・6%だったのに対し、夜泣きをする赤ちゃんの中でベビーベッドに寝ていたのは18・8%だったのです。[*5]

この研究からは、ベビーベッドが夜泣きの原因なのか結果なのかはわかりません。

しかし、第5章で解説する夜泣きのメカニズム（124頁）を考えると、ベビーベッドのほうが、寝かしつけが手厚くなりにくいため、夜泣きを防ぎやすくなる可能性があります。

また、ベビーベッドなら、ベッドの中の環境さえ整えておけば、SIDSや窒息を防ぎやすくなります。

お布団だと、寝ているあいだに赤ちゃんがお布団からよくはみ出てしまいます。そうなると、お布団の上だけでなく、寝室全体を安全な環境に整えなければいけません。

これでは、90頁のチェックポイントを満たすのがむずかしくなってしまいます。

「ベビーベッドも、赤ちゃんがベッド柵にぶつかったり、転落したりする可能性があって危ないのでは？」と思った方もいると思います。
たしかに、赤ちゃんが寝返りをし始めると、ベッド柵にぶつかるようになります。

しかし、寝返りくらいの勢いで頭が柵に当たったとしても、それによって大ケガをすることはありません。

ベビーベッドからの転落を防ぐためには、いくつかのポイントがあります。

全体の高さが80～90㎝程度あり、床から10～15㎝程度まで床板を下げられるベビーベッドを選びましょう。

つかまり立ちをしそうになってきたら、床板を下げておきます。
よほど力が強く、体格がよい赤ちゃんでなければ、出てくることはありません。

ベビーベッドの中には何も置かず、踏み台になるものがないようにしましょう。

眠っているあいだに寝返りをしてもなるべく危険がないよう、**敷布団は硬めの赤ちゃん用マットレスを使うのがよい**でしょう。

シーツはしわがよらないよう、**サイズが合ったボックスシーツをぴったりと敷いてください**。ベビー布団セットの中に入っている枕や掛け布団もおすすめしません。

寝返り防止用のクッションや、赤ちゃんがベッド柵に頭をぶつけないように保護するベッドバンパーの使用も避けてください。

鼻や口を塞いだり、紐が絡まったりする危険があります。

アメリカでは死亡事故も起きていて[○*6]、アメリカ食品医薬品局（FDA）は現在、このようなクッションの使用を止めるよう呼びかけています。[*7]

どうしてもお布団で寝かせたいときは

とはいえ、日本ではお布団で寝るご家庭も多いです。

お布団は転落の危険もありませんし、柵の上げ下ろしも必要ありません。

特に新生児など、ひんぱんに母乳・ミルクを与える必要がある場合、ベッドより楽という利点もありますね。

どうしてもお布団で寝かせたい場合のポイントをご紹介します。

赤ちゃんが寝返りやずりばいを始めて動くようになってくると、ごろごろと布団からはみ出していってしまいます。

ここで、**お布団から落ちないように周りにクッションなどを敷きつめる方も多いのですが、SIDSや窒息のリスクを考えると、これは安全とはいえません。**

お布団からはみ出ると、床に頭をぶつけることはあるかもしれませんが、大ケガをすることはありません。

床が硬くて心配なら、ふわふわしていない硬めのジョイントマットなどを敷くにとどめましょう。

赤ちゃんが寝返りやずりばいで移動できるようになる前に、部屋に置いてある危険なものはすべて取り除いてください。

尖っているもの、絡まりやすい紐状のもの、電池や誤飲の危険があるものなどや、**クッションなどのやわらかいもの**がそれにあたります。

POINT 7

条件❻ 親のかわりになる「ねんねのお友だち」

1歳を過ぎたら、小さめのぬいぐるみや人形、タオルなどを「**ねんねのお友だち**」として持たせて、一緒に寝かせてあげるのも効果的です。

1歳近くになると、赤ちゃんはママ・パパと離れることに対して不安を強く持つようになります。同時に、ぬいぐるみなどに対して愛着を持ち始めるのもこの頃からです。

「ねんねのお友だち」を与えてあげることで、ママ・パパの存在やママのおっぱいのかわりとなって安心感を与

郵便はがき

料金受取人払郵便

渋谷局承認

2087

差出有効期間
2025年12月
31日まで
※切手を貼らずに
お出しください

150-8790

130

〈受取人〉
東京都渋谷区
神宮前 6-12-17
株式会社ダイヤモンド社
「愛読者クラブ」行

本書をご購入くださり、誠にありがとうございます。
今後の企画の参考とさせていただきますので、表裏面の項目について選択・ご記入いただければ幸いです。

ご感想等はウェブでも受付中です（抽選で書籍プレゼントあり）▶

年齢	（　　　）歳	性別	男性 ／ 女性 ／ その他
お住まいの地域	（　　　）都道府県　（　　　）市区町村		
職業	会社員　経営者　公務員　教員・研究者　学生　主婦 自営業　無職　その他（　　　）		
業種	製造　インフラ関連　金融・保険　不動産・ゼネコン　商社・卸売 小売・外食・サービス　運輸　情報通信　マスコミ　教育 医療・福祉　公務　その他（　　　）		

DIAMOND 愛読者クラブ メルマガ無料登録はこちら▶

書籍をもっと楽しむための情報をいち早くお届けします。ぜひご登録ください！

● 「読みたい本」と出合える厳選記事のご紹介
● 「学びを体験するイベント」のご案内・割引情報
● 会員限定「特典・プレゼント」のお知らせ

①本書をお買い上げいただいた理由は？
（新聞や雑誌で知って・タイトルにひかれて・著者や内容に興味がある　など）

②本書についての感想、ご意見などをお聞かせください
（よかったところ、悪かったところ・タイトル・著者・カバーデザイン・価格　など）

③本書のなかで一番よかったところ、心に残ったひと言など

④最近読んで、よかった本・雑誌・記事・HPなどを教えてください

⑤「こんな本があったら絶対に買う」というものがありましたら（解決したい悩みや、解消したい問題など）

⑥あなたのご意見・ご感想を、広告などの書籍のPRに使用してもよろしいですか？

1　可　　　　2　不可

※ご協力ありがとうございました。

【医者が教える赤ちゃん快眠メソッド】106846●3750

え、寝つくのを助けてくれます。

すでにお気に入りのぬいぐるみなどがあればそれでよいですし、そうでなければ、お持ちのものの中から気に入りそうなものを選んであげてください。

「**安心毛布**」「**セキュリティブランケット**」という名前で市販されているぬいぐるみつきタオルもあります。

「ねんねのお友だち」を選ぶポイント

- やわらかすぎず、絡まりやすい紐のような部分がないもの
- ベビーベッド柵を通りにくい大きさのもの(柵の隙間から落ちないように)
- 限定品ではないもの(いつでも買い直せるように)

ねんねのお友だちが気に入ると、なかなか手放そうとせず洗濯するのが大変になることもあります。そういうときは、こっそり同じものを2つ用意しておいて、交互に使うと安心です。

POINT 8

条件❼ 「換気扇の音」でぐっすり

エビデンス

物音に特に敏感な赤ちゃんには、「**ホワイトノイズ**」がおすすめです。

ホワイトノイズとは、換気扇や空気清浄機の音、テレビの砂嵐音のような「ザー」「ゴー」という雑音です。

この**ホワイトノイズを赤ちゃんが寝ているあいだに流しっぱなしにすると、物音で目覚めるのを防いでくれます**。

赤ちゃんをぐっすり眠らせたいのに、なぜわざわざ音を流すのか、疑問に思う方もいるかもしれません。

実は、**安眠のために大切なのは、シーンと静かにすることではなく、急な物音をたて**

ないことなのです。

どんなに静かにしていても、静かな中で物音がすると、それが小さな音であっても目覚めてしまうことがあります。

たとえば、部屋のドアを閉めるカチャッという音、台所やリビングの生活音、道路を走る救急車の音などです。

このような物音を完全になくすのはむずかしいですよね。

そこで、ホワイトノイズが効果を発揮します。

ホワイトノイズはさまざまな周波数の音を含んでいるので、突然の物音をかき消すことができます。

シーンとしているよりもザワザワしていたほうが、多少の物音はかき消されて気にならなくなるのです。

ホワイトノイズは、タブレットやパソコンを使えば、無料で流すことができます。タブレットをお持ちの方は、App StoreやGoogle Playで「ホワイトノイズ」と検索してみてください。

いくつかアプリをダウンロードして、音を聞いてみましょう。

純粋なホワイトノイズは「ザー」というだけの音ですが、**波や風の音など、ホワイトノイズに近い音でも大丈夫**です。**変化が少なく、単調な音**がおすすめです。流しっぱなしにするので、タイマーは必要ありません。**12時間以上再生できるアプリを選びましょう。**

スマートフォンでも同様にできますが、赤ちゃんが眠っているあいだ、スマートフォンが使えなくなってしまう欠点があります。

パソコンで流す場合は、YouTubeで「ホワイトノイズ」と検索して、好みの音を選んでみましょう。

メニューからループ再生を選択すれば、繰り返し再生できます。

流すときは、タブレットやパソコンの画面が光らないようにしてください。

寝室で使えるタブレットやパソコンがない場合は、ホワイトノイズを流す専用の機械もあります。

連続再生が可能で、動作ランプができるだけ小さいものを選びましょう。

ホワイトノイズは研究でも証明されている

ホワイトノイズの効果は、研究によっても確かめられています。
イギリスのシャーロット女王記念病院から1990年に発表された研究では、新生児の赤ちゃん40人を2グループに分け、片方のグループだけにホワイトノイズを聞かせました。◎*8
すると、**5分以内に寝ついた赤ちゃんの割合は、何も聞かせなかったグループでは**

25％でしたが、ホワイトノイズを聞かせたグループは80％でした。

生後3カ月くらいまでの赤ちゃんでは、ホワイトノイズの音自体に安心させる効果もあるようです。

ホワイトノイズは、赤ちゃんがお腹の中にいるときにずっと聞いていた、ママの血流の音に似ているという説があります。

ママのお腹の中を思い出して、安心するのかもしれません。

また、ホワイトノイズは大人の安眠にも効果があります。

2005年にアメリカのブラウン大学から発表された研究では、4人の成人ボランティアに雑音を聞かせながら眠ってもらい、そのあいだの脳波を測定しました。◎*9

集中治療室（ICU）で録音した雑音を聞かせると、睡眠は浅くなり、眠っているあいだの覚醒も増えてしまいました。

しかし、**同じ雑音にホワイトノイズを重ねて流すと、睡眠が浅くなるのが抑えられた**のです。

走っている車の中くらいの音量で

いつ鳴るかわからない物音から赤ちゃんを守るために、お昼寝のときも夜の睡眠のときも、**眠っているあいだはホワイトノイズをずっとつけっぱなし**にします。

ちょっと大きめに感じるくらいの音量のほうが、物音をかき消す効果は高いです。

先にご紹介したイギリスの研究では、**音量は67dB《デシベル》**でした。

これは、**走行中の車内くらいの音量**です。

タブレットやパソコンで流す場合は、アプリや動画にもよりますが、音量調節バーの真ん中くらいが音量の目安になるでしょう。

ザーという雑音をずっと赤ちゃんに聞かせていて問題はないのか、心配な方もいるかもしれません。

たしかに24時間ずっとホワイトノイズを聞かせていたら、言葉や音楽、生活音を聞き取って学ぶことができなくなってしまいます。

しかし、**眠っているあいだだけなら問題はありません**。お腹の中では24時間ホワイトノイズを聞いていたわけですから。

ホワイトノイズは、赤ちゃんによって合わない場合もあります。

ママ・パパが同じ部屋で寝ている場合は、ママ・パパ自身が慣れることができるかどうかも大切な要素です。

どうしても赤ちゃんに合わない様子だったり、ママ・パパのほうが寝つけなくなったりした場合は、無理に流さなくても大丈夫です。

ただ、**どんなご家庭でも、慣れるまでは数日かかります**。

まずは3日、流してみましょう。

純粋なホワイトノイズだけでなく、波の音など種類がいろいろありますので、どんな音なら赤ちゃんもママ・パパも快適に眠れるか、試してみてください。

第4章

脳の興奮を抑えて自然と眠くなる夜のルーティーン

POINT 1

「ルーティーン」をマネするだけで夜リラックスできる

第1・2章では朝・昼の生活リズムを整え、第3章では寝室環境を整えました。次に大切なことは、**夜寝る前に赤ちゃんをしっかりリラックスさせること**です。

赤ちゃんが夜寝る前に興奮していると、夜泣きや寝ぐずりの原因になります。大人だって、寝る10分前までスマホやパソコンでゲームをしていたら、興奮して寝つけなくなりますよね。赤ちゃんはなおさらです。

赤ちゃんが寝る時間の少し前になったら、ママ・パパがリードして、赤ちゃんと楽しい時間をすごしつつリラックスさせてあげましょう。

そのためにママ・パパができることを、**「ルーティーン」**にまとめました。

ルーティーンとは、同じことを同じ順番で繰り返す行動のこと。

むずかしく考えなくても、**これから紹介する方法を決まった時間に決まった順番ですれば、赤ちゃんがスムーズに寝つきやすくなる**のです。

夜のルーティーンには、ママ・パパの行動を通して、**就寝時間だと赤ちゃんに教える目的もあります**。

赤ちゃんはまだ言葉も完全にはわからず、時計も読めません。

寝る前に毎日同じ流れで同じことをすることで、「この流れになったら就寝時間だ」という条件づけをしてあげる必要があります。

医学研究でも効果が証明されている

ルーティーンが夜泣きや寝ぐずりに効果的であることは、医学研究でも証明されてい

ます。

アメリカのセントジョセフ大学から2009年に発表された研究では、子どもをランダムに2グループに分け、片方のグループにだけルーティーンをしてもらいました。[◎*1]

生後7カ月〜1歳5カ月の赤ちゃんと1歳6カ月〜3歳の子ども合わせて405人が対象です。

ルーティーンの内容は、「お風呂」→「マッサージ／スキンケア」→「静かな活動（抱きしめる、子守唄を歌う）」というシンプルなものです。

すると、寝かしつけの方法は変えていないにもかかわらず、**2週間後にはルーティーンをしたグループのほうが寝つきがよくなり、夜に目が覚める回数も少なくなった**のです。

同じ研究者たちが2015年に発表した論文では、ルーティーンと睡眠問題の関係が調べられています。[○*2]

0〜5歳の子どもを持つ14の国と地域の1万人以上のママを対象に、アンケート調査を行いました。

その結果、**1週間のうちにルーティーンをする日が多ければ多いほど、睡眠についての問題が少ない**ことがわかりました。

これから紹介するおすすめルーティーンには、研究で行われていたシンプルな3ステップに加えて、寝る前に必要な行動を盛り込みました。

必要な行動とは、母乳・ミルクを与える、歯をみがく、トイレに行くといったことです。

ステップ一つひとつに長い時間をかける必要はありません。時間の目安も書いておきましたので参考にしてください。

POINT 2

生後3カ月～5歳まで使える夜のルーティーン

このルーティーンは就寝時間が定まってきた生後3カ月以降の赤ちゃんと子どもを対象にしています（図表4-1）。就寝時間がまだ不規則な生後2カ月までの赤ちゃんについては、次節（121頁）をご覧ください。

夜のルーティーン① 部屋を薄暗くする（生後3カ月から）

生後3カ月以降の赤ちゃんは、**寝る1時間前に部屋の照明を薄暗くします**。[*3]間接照明にするのもよいですし、明るさを変えられるタイプの照明なら、少し明るさを落とします。

図表4-1 寝る1時間前から決まった行動を
——夜のルーティーン

生後3〜5カ月

1. 部屋を薄暗く
↓
2. お風呂
↓
3. 母乳・ミルク
↓
7. おやすみのごあいさつ
↓
9. 子守唄

生後6カ月〜11カ月

1. 部屋を薄暗く
↓
2. お風呂
↓
3. 母乳・ミルク
↓
5. 歯みがき
↓
6. 絵本
↓
7. おやすみのごあいさつ
↓
9. 子守唄

1〜2歳

1. 部屋を薄暗く
↓
2. お風呂
↓
3. 母乳・ミルク
4. 水分補給
↓
5. 歯みがき
↓
6. 絵本
↓
8. 一日の振り返り
↓
9. 子守唄

3〜5歳

1. 部屋を薄暗く
↓
2. お風呂
↓
4. 水分補給
↓
5. 歯みがき
↓
(トイレ)
↓
6. 絵本
↓
8. 一日の振り返り

9. 子守唄

照明の色を変えられる場合は、暖色系に変えておきましょう。

明るさが変えられない場合は、部屋のメインの照明を消して、部屋の端に小さい照明をつけるなどしてみてください。


これは、体内時計に関係しています。

赤ちゃんが生後3カ月頃になると、「**メラトニン**」というホルモンの分泌がはじまります。

メラトニンは、眠気を作り出すホルモンで夜になると分泌されます。

しかしこのメラトニンは、夕方以降に強い光、特に青色の光（ブルーライト）を浴びると分泌が抑えられてしまうのです。◎*4

寝る1時間前から、テレビやスマホなどバックライトのスクリーンは見せないようにしましょう。
寝る前のテレビなどのスクリーン使用が睡眠に悪影響を与えることは、複数の研究からわかっています。

大人や学童期以降の子どもの研究が多いのですが、学童期以前の子どもを対象にした研究もあります。

2011年にワシントン大学で行われた研究では、3〜5歳の子ども612人のアンケート調査結果を解析しています。○*5

その結果、**19時以降にテレビを見ていると、テレビを見る時間が多ければ多いほど、睡眠の問題も多くなっている**ことがわかりました。

ワシントン大学の研究は3歳以上の子どもが対象ですが、それ以下の赤ちゃんも同様だと考えられます。

テレビは、光だけでなく、にぎやかな音が鳴るなど、赤ちゃんを興奮させる要素がたくさんあります。

赤ちゃんにテレビを直接見せるわけでなくても、いったん消してください。

夜のルーティーン②

お風呂（生後3カ月から）

続いてお風呂に入れます。

赤ちゃんは体が小さい分、大人よりのぼせやすいので、**お湯の温度は38〜39℃くらい**がよいでしょう。

湯船に浸かる時間は、**1歳までは2〜3分で十分**です。1歳をすぎると、お風呂が楽しくてなかなか出てくれないかもしれません。のぼせないように注意してください。

お風呂に入ると体温はいったん上がりますが、その後**体温が下がるときに眠気が強くなる**と考えられています。

大人では寝る1時間半前に入浴するとよいのですが、赤ちゃんは体が小さい分、大人より体温が下がるのも速いのです。

就寝時間のおよそ1時間前からお風呂に入り、お風呂を出てから30〜40分後に寝るのがちょうどよいでしょう。

お風呂から上がったら、**スキンケアをしてから着替え**をしてください。

赤ちゃんの皮膚を健康に保つため、保湿剤を塗るのはとても大切です。

保湿剤は高価なものでなくてもかまいませんので、たっぷり塗りましょう。

むしろ高価なオーガニックのものであっても、**食品成分（ナッツオイルなど）が含まれたものは、食物アレルギーの原因になる可能性があり**、*6あまりおすすめしません。

（所要時間の目安：20〜30分）

夜のルーティーン③ 母乳・ミルク（卒乳まで）

夜のルーティーン④ 水分補給（卒乳後）

お風呂・スキンケアが終わったら、母乳・ミルクの時間にしましょう。

静かで落ち着ける場所で、たっぷりと飲ませてあげてください。

現時点で母乳・ミルクを飲みながらでないと寝つかない赤ちゃんは、いったん飛ばして次のルーティーンに進んでください。

ただし、第5章の夜泣き・寝ぐずり対策や第6章のねんねトレーニング（ねんトレ）を始めるときは、必ずこのタイミングで母乳・ミルクをあげます。

母乳・ミルクを卒業したお子さんは、麦茶やお水を飲ませてあげましょう。

（所要時間の目安：母乳・ミルク15〜30分、水分補給2分）

夜のルーティーン⑤ 歯みがき（歯が生え始めたら）

歯が生え始めたら、歯みがきをしてあげましょう。

最初はぬるま湯を含ませたガーゼでぬぐうことから始め、上の前歯が生えてきたら歯みがきジェルをつけて歯ブラシで磨きましょう。

歯みがきジェルはフッ素入りのものを選びます。

2歳までは、500ppmのフッ素濃度のものをごく少量（切った爪くらい）つけて、仕上げ磨きします。

3〜5歳は500ppmのものを5㎜くらいつけて、歯みがき後に5〜10mlの水で1回だけ口をゆすいでください。[*7] おむつが外れた子は、この後トイレに行かせます。

（所要時間の目安：1～2分）

夜のルーティーン❻

絵本（絵本に興味が出てきたら）

昼と同様に、抱っこしながら絵本を読んであげてください。

リラックスできるような内容で、赤ちゃんが好きな絵本を読みます。

1冊に決めてもよいですし、毎日違う絵本を選んでもOKです。

絵本の読み聞かせは、ママ・パパのイライラを落ち着かせる効果もあるかもしれません。[*8]

（所要時間の目安：5分）

夜のルーティーン❼

おやすみのごあいさつ（生後3カ月～1歳頃）

ここまでのルーティーンをリビングでしている場合は、ぬいぐるみやおもちゃ、キッチンやお風呂場などに「おやすみなさい」といいながら、寝室へ向かいます。赤ちゃんがまだ言葉を話さないうちは、ママ・パパが「おやすみなさい」をいいながら抱っこして周ります。自分でできるようになったら、自分でしてもらいます。

お風呂上がりに寝室でルーティーンの続きをしている場合は、部屋の中の家具やぬいぐるみなどに「おやすみなさい」をしてください。

（所要時間の目安：1分）

夜のルーティーン❽ 一日の振り返り（1歳頃から）

抱っこして、その日のできごとを一緒に振り返ります。

「○○したのが楽しかったね」

「○○できて嬉しかったね」

などポジティブな話題で話しかけてあげましょう。

（所要時間の目安：5分）

夜のルーティーン⑨ 子守唄

暗い寝室のお布団に下ろしてあげて、子守唄を歌います。

お昼寝と同様、ねんねのときの歌はひとつに決めて、毎回同じにします。

子守唄が終わったら、おやすみをいってあげましょう。ホワイトノイズ（98頁）を流す場合は、このタイミングで流します。

ここまでのルーティーンをしたら、その後にいつもどおりの方法で寝かしつけましょう。


2歳を過ぎると、暗い寝室を怖がる子も出てきます。

そんなときは、**寝室の電気を自分で消してもらいましょう**。

「これから寝るんだ」という気持ちの切り替えになります。

それでも怖がる場合は、薄暗いライトをつけたままで寝かせてあげてかまいませんが、寝ついたらできるだけライトを消してあげてください。

開始が遅くなってもじっくり時間をかける

赤ちゃんの機嫌やお昼寝のタイミング、ご家庭の事情などでスケジュールがずれこんだときも、焦りは禁物です。

遅くなってしまったからといって**早くルーティーンを切り上げようとすると、逆にスムーズに寝つかなくなってしまう**こともあります。

ルーティーンには時間を十分かけたほうが、結局は近道になります。

第4章までの内容を試してみても、夜泣きや寝ぐずりが改善しないようでしたら、第5章（生後0〜5カ月）、第6章（生後6カ月以降）に進んでください。

一人で寝つく力がついてくれれば、ルーティーンの後に赤ちゃんが寝つく前に部屋を出ても、赤ちゃんは泣かずに眠れるようになります。

POINT 3

生後0～2カ月の夜のルーティーン

まだ昼夜の区別がついていない生後0～2カ月の赤ちゃんの場合、ある程度赤ちゃんのペースに合わせてルーティーンを始めます。

ルーティーンはごくシンプルなもので十分です。**就寝時間の1時間前になったらリビングを薄暗くし**ておきます。

母乳・ミルクを飲ませ、次に赤ちゃんが眠くなったタイミングで暗い寝室に連れて行きます。

その後、お布団に下ろし、毎回同じ子守唄を歌ってあげましょう（図表4－2）。

就寝時間の1時間前にすでに赤ちゃんが眠っていたら、そのままリビングで眠ら

図表4-2 生後0〜2カ月の
——夜のルーティーン

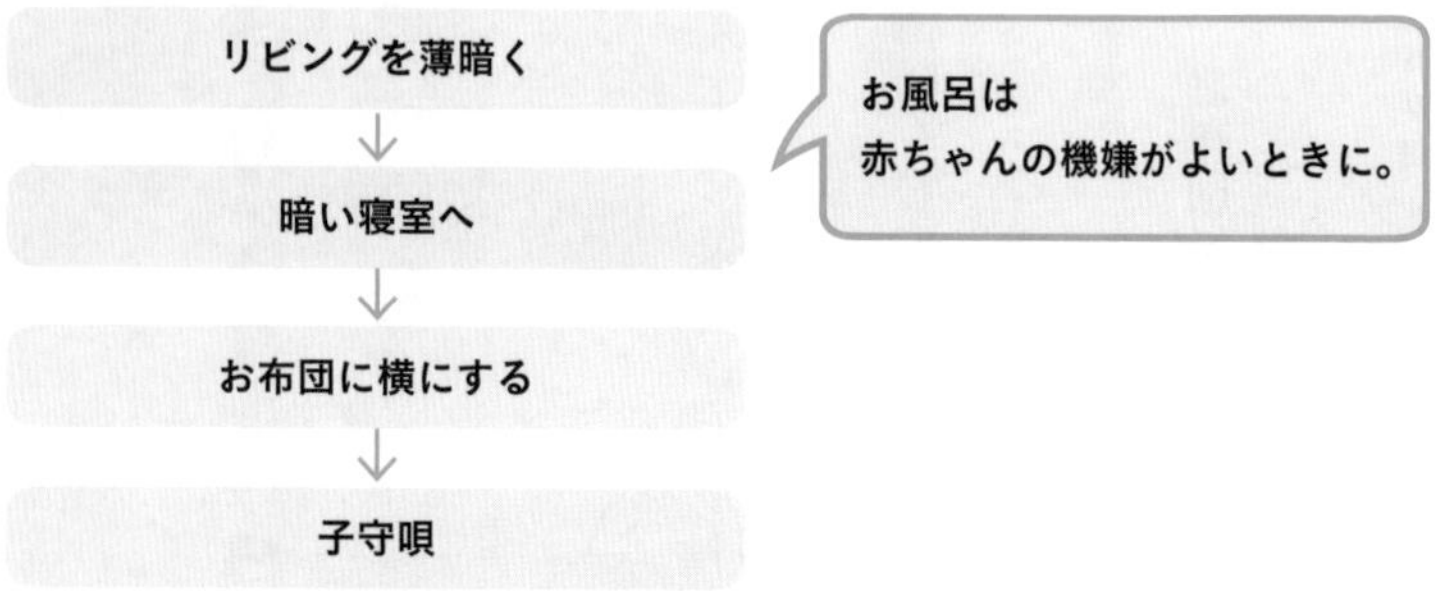

せておきます。

いったん目が覚めて、次に眠くなったタイミングで、暗くした寝室に連れて行きましょう。

お風呂は寝る前に限らず赤ちゃんの機嫌がよいときや日中に入れるとよいでしょう。

ここまでルーティーンが終わり、無事赤ちゃんが寝ついたら、ママ・パパは寝室から出ていきます。

第5章

生後0～5カ月の夜泣き・寝ぐずり対策

POINT 1

寝かしつけが手厚すぎると逆に夜泣きが増える

第1～4章まででお話ししてきたように、**早寝早起きを心がけ、スケジュールや寝室環境、ルーティーンを整えることが、夜泣きや寝ぐずり対策の基本**です。

しかし、それでもなお夜泣きや寝ぐずりをしている場合、寝かしつけの方法を変える必要があります。

抱っこや授乳、添い乳といった手厚い寝かしつけが、夜泣きや寝ぐずりに逆効果となっていることがあるからです。

たしかに、産まれたばかりの赤ちゃんは、寝つくのが上手ではなく、ある程度ママ・パパが手助けして寝かしつけてあげることが必要です。

自然とスムーズに寝つけるようになる赤ちゃんも多いのですが、一部の赤ちゃんは、**手厚すぎる寝かしつけに慣れてしまい、手助けなしには寝つけなくなります。**

そんな赤ちゃんが**夜中に目を覚ますと、夜泣きをしてママ・パパに手厚い寝かしつけを要求します。**

赤ちゃんの睡眠は大人に比べて全体的に浅く、夜中に何度も目を覚ましますから、そのたびに夜泣きをすることになります。

いったん抱っこや授乳で寝かしつけても、お布団に下ろしたときに目を覚まして泣き出す「**背中スイッチ**」も同じ原理です。

「一人で寝つくスキル」で夜泣きが改善する！

赤ちゃんがたとえ夜中に目を覚ましたとしても、自力で寝つくことができれば、夜泣きはかなり改善されます。

つまり、**赤ちゃんに「一人で寝つくスキル」が身につくよう、少しずつ練習させていけばよい**のです。[*1]

一人で寝つくことの重要性については、研究でも確かめられています。

たとえば、17カ国の赤ちゃん約3万人を対象とした2010年のアンケート調査では、**寝つくときに親がずっと一緒にいる赤ちゃんや、夜中に目覚めるたびに母乳・ミルクで寝かしつけられている赤ちゃんは、夜泣きする確率が高い**ことがわかっています。[*2]

本章では、生後0〜5カ月の赤ちゃんを対象に、一人で寝つくスキルを少しずつ身につけさせる方法を解説しています。

生後6カ月以降の赤ちゃんは、第6章で説明します。

POINT 2

生後0～2カ月の夜泣き・寝ぐずり対策

生後0～5カ月の赤ちゃんに「一人で寝つくスキル」を練習させるには、**夜泣きや寝ぐずりをしたときにママ・パパがどう対応するかが重要**です。

この章では、「生後0～2カ月」「生後3～5カ月」の2パートに分けて解説します。「生後0～2カ月の夜泣き対策」が基本になるので、生後3～5カ月の赤ちゃんの対策を知りたいときも、ここから読み進めてください（図表5－1）。

ステップ1　30秒～2分間様子を見る

赤ちゃんが夜泣きを始めると、不安に思うママ・パパは多いと思います。

しかし、**実は赤ちゃんの様子を見ているあいだに自然と泣き止み、また眠ってしまうことも多い**のです。

待つのはほんの少しの時間でかまいません。

経験上、**生後1カ月未満なら30秒、1カ月以降なら1〜2分が目安です。勇気を出して、まず様子を見てみましょう。**

大人は夢を見ているときに体を動かしませんが、低月齢の赤ちゃんは、体を動かしたり、目を開けたりすることがあります[*3]。

そのときに、**寝言であっても泣くことがあります**。

「ふえーん」と小さい声で泣くのではなく、突然「ぎゃー」と大声で泣き出すことだってあります。

そっとしておけばまた深い眠りに入っていけるのですが、**寝言で泣いたときに抱き上げてあやすと、そのせいで本当に目を覚ましてしまいます**。

せっかく頑張ってあやしているのが逆効果だとしたら、もったいないですよね。

図表5-1 夜泣きをしてもまずは様子を見て
——生後0～2カ月の夜泣き・寝ぐずり対策チャート

夜泣き

ステップ❶

30秒～2分間様子を見る

↓

ステップ❷

泣いている理由をさぐる

①うんちをしている？
②暑すぎ、寒すぎ？
③どこか痛がったり、体調が悪かったり？
④お腹がすいている？

↓

ステップ❸

段階を踏んだ寝かしつけ

①声かけ
②トントン
③抱っこ
④ゆらゆら

やむをえないとき
⑤母乳・ミルク

寝ぐずり（日中・就寝時）

ルーティーン
（最後はお布団に下ろして子守唄）

↓

ステップ❸

段階を踏んだ寝かしつけ

①声かけ
②トントン
③抱っこ
④ゆらゆら

やむをえないとき
⑤母乳・ミルク

寝言なのか、目が覚めて何かを求めて泣いているのか判断するために、泣き始めてから少し待つ必要があるのです。

不安になったらとにかく深呼吸

夜泣きの様子を見るときには、ママ・パパ自身が落ち着いて冷静になることが大切です。**待っているあいだ、ゆっくりと深呼吸をしてみましょう。**

赤ちゃんの泣き声は、大人の心をざわつかせます。

泣いているあいだは時間が長く感じられますが、時間を計ってみるとほんの数十秒しかたっていないこともあります。

泣き声を聞いているとつらい気分になり、一刻も早く泣き止ませたいと思うのは普通のことです。

しかし、ママ・パパが「なぜこんなに泣くんだろう」と思っていると、**知らず知らずのうちに不安な気持ちが表情や態度に表れてしまいます。**

イライラした表情のママ・パパになぐさめられても、安心できないですよね。

泣き止ませたい気持ちばかりが先に立ってしまうと、冷静に赤ちゃんが泣いている理由を考えることができません。

「今、赤ちゃんが泣いていて、私は早く泣き止んでほしいと思っている。泣き始めてから時間が長く感じられるけれど、やっと1分たった。どうして泣いているのかな」

というように、一度深呼吸をしたら、少し落ち着いて考えるようにしてください。

ステップ② 泣いている理由をさぐる

夜泣きをして30秒〜2分ほど様子を見たら、泣いている理由を探します。

理由は大きく4つありますので、順番にチェックしてください。

チェックに当てはまったら対策をして、お布団に下ろしてあげます。その後、ステップ3の寝かしつけに進んでください。

理由1　うんちをしている？

最初におむつをチェックします。

おむつかぶれがなく、うんちをしていなければ、夜中はおむつを替えなくても大丈夫です。

おしっこの量が多くて朝までにおむつから漏れてしまう場合は、夜だけおむつをサイズアップしてみてください。

理由2　暑すぎ、寒すぎ？

頭や背中に汗をかいていたら暑すぎる、腕や脚が冷たくなっていたら寒すぎる可能性があります。

第3章（73頁）を参考に、寝室を整えてあげてください。

理由3　どこかを痛がったり、体調が悪かったりしている？

生後1カ月までは特に、お腹が張って苦しくなっていることもあります。

ガスがたまって苦しそうなら、円を描くようにお腹をマッサージしましょう。

また、まれにほこりや髪の毛が指に強く巻きついて血の流れが悪くなり、指が赤黒くなってしまうこともあるので、ほどいてあげましょう。

理由4　お腹がすいている？

最後に、お腹がすいている可能性があるかどうか考えます。
赤ちゃんが乳首を探すように口を開けて首を動かす、ささやくようなやわらかい声を出す、口に触れるものを吸うなど、お腹がすいたしぐさをしている場合は、母乳・ミルクを与えましょう。[*4]
しぐさがよくわからない場合は、**前回に母乳・ミルクを与えてからの間隔で考えます。**

生後3週〜2カ月頃の母乳・ミルク間隔

- 母乳：2〜3時間
- ミルク：3時間

この時間を目安に、お腹がすいていると思ったら母乳・ミルクを与えましょう。

ときどき、月齢が低いときから、夜中にあまり目が覚めない赤ちゃんもいます。

生後3週間を超えていて、日中に十分栄養がとれて成長発達に問題がなければ、基本的には赤ちゃんを起こして飲ませる必要はありません。

もちろん、医療機関からの指示があった場合はそちらに従ってください。


飲み終わったらげっぷをさせます。


母乳・ミルクを飲ませているあいだや、げっぷをさせているあいだに眠くなって、お布団に下ろす前に寝ついてしまうかもしれません。

その場合はそのままお布団に下ろします。

次のステップに進む必要はありません。


ここまでのチェックリストに引っかからなければ、眠くて泣いていると判断してよいでしょう。そのまま次のステップに進んでください。

ステップ③ 段階を踏んだ寝かしつけ

泣いている理由1〜4を解消したあとは、赤ちゃんをお布団に下ろし、段階を踏んで寝かしつけをしてください。*5

段階1 声かけ

「ねんねだよ」「大丈夫だよ」など短いセリフを2つ決め、声をかけます。あまり抑揚はつけず、淡々としているくらいで大丈夫です。

段階2 トントン

胸のあたりをトントンします。トントンを嫌がる場合は、頭や手足をなでてあげましょう。

段階3　抱っこ

座ったまま抱っこします。

段階4　ゆらゆら

抱っこして、部屋の中を歩いたり、小刻みに揺らしたりします。

段階5　授乳（やむをえないときだけ）

母乳育児の赤ちゃんの場合、ゆらゆらをしても寝つかないときは、授乳して寝かせます。

段階1の声かけから段階4のゆらゆらまでは、**各段階に数十秒〜数分かける**のが目安です。

その時間内で泣き止む気配がまったくなければ次の段階に進み、泣き止みそうになったら、しばらく同じあやし方を続けましょう。

とても多くのママ・パパが、寝かしつけといえばとにかく抱っこや授乳だと思っています。

その結果、本当は段階2のトントンで寝つけるのに、わざわざ抱っこや授乳をしてしまっていることもあります。

でも、このように段階を踏んであやすようにすれば、いつも必要最小限のサポートで赤ちゃんを寝かしつけることができます。


赤ちゃんを寝かしつけるときは、なるべく刺激を与えないことも大切です。**あやしているあいだは、赤ちゃんと意図的に目を合わせたり、微笑みかけたりはしません。**

周りを確認する必要がないときは、ママ・パパは目を閉じてしまいましょう。

寝ぐずり（日中・就寝時）対策もほぼ同じ

夜泣き対策は、日中や就寝時に寝ぐずりしてなかなか寝ついてくれないときもそのま

ま使えます。

就寝時やお昼寝の寝ぐずり対策の場合、ステップ1の様子見、ステップ2の泣いている理由をさぐることはしなくてOKです。

昼（69頁）や夜のルーティーン（121頁）をして、最後にお布団に下ろして子守唄を歌います。

寝ぐずりするようなら、ステップ3の段階を踏んだ寝かしつけをしてください。

POINT 3

生後3〜5カ月の夜泣き・寝ぐずり対策

生後3カ月になったら、夜泣きと就寝時の寝ぐずり対策を少し変えます。

お腹がすいているなら母乳・ミルクを与えますが、**寝かしつけるためだけに授乳をしたり、抱っこをするのは少しずつ控えていきましょう**（図表5-2）。

夜泣き対策は、泣き始めたら、まず1〜2分待って寝言でないか確かめます（ステップ1　127頁）。

その後、泣いている理由をさぐり、対策をとってください（ステップ2　131頁）。

お腹がすいているかどうかは、しぐさを参考に考えます。しぐさがよくわからない場合は、前回母乳・ミルクを与えてからの間隔で考えましょう。

この時期の夜に与える母乳・ミルクは1～2回程度、間隔は3～4時間が目安です。

寝かしつけの際に段階を踏んで、段階1（声かけ）→段階2（トントン）に進むまでは、生後0～2カ月と同じです。

トントン（嫌がる場合はなでる）まで来たら、ここで寝つくかどうかしばらく様子を見てください。

激しく泣いてしまいどうしても落ち着かないときに初めて、段階3（抱っこ）に進んでください。

赤ちゃんが落ち着く気配を見せたら、赤ちゃんがうとうとする前にお布団に下ろしてあげて、トントンに戻りましょう。

これを繰り返して、最終的にお布団の上で赤ちゃんを寝つかせます。

練習を重ね、トントンでスムーズに寝つく日が2、3日続いたら、翌日からは寝

図表5-2 抱っこを減らしていく
——生後3～5カ月の夜泣き・寝ぐずり対策チャート

夜泣き

ステップ❶
1～2分間様子を見る

↓

ステップ❷
泣いている理由をさぐる

①うんちをしている？
②暑すぎ、寒すぎ？
③どこか痛がったり、体調が悪かったり？
④お腹がすいている？

↓

ステップ❸
段階を踏んだ寝かしつけ

①声かけ
②トントン
どうしても落ち着かないとき
③抱っこ

寝ぐずり（就寝時）

ルーティーン
（最後はお布団に下ろして子守唄）

↓

ステップ❸
段階を踏んだ寝かしつけ

①声かけ
②トントン
どうしても落ち着かないとき
③抱っこ

寝ぐずり（日中）

ルーティーン
（最後はお布団に下ろして子守唄）

↓

ステップ❸
段階を踏んだ寝かしつけ

①声かけ
②トントン
③抱っこ
④ゆらゆら
どうしても落ち着かないとき
⑤母乳・ミルク

つく直前にトントンを止め、赤ちゃんに触らない状態で寝かしつけます。泣いてしまうようならまたトントンを始めて、寝つきそうになったらまた止めるのを繰り返します。

少しずつトントンを止めるタイミングを早めていけば、トントンは必要なくなっていきます。

さらに声かけも減らしていけば、いつの間にか寝かしつけがいらなくなっているはずです。

抱っこはどうしてものときだけ

いくら抱っこをしても、下ろそうとした途端に泣き出してしまう赤ちゃんは、要注意です。

抱っこを繰り返すと、下ろすたびに泣いてしまってなかなかお布団の上で落ち着く時間が取れません。すると、よけいに泣く時間が長引くことがあります。

抱っこをしてもあまり落ち着く様子がない場合も、数分たったらお布団に下ろしてください。

抱っこで落ち着かないなら、赤ちゃんが本当にしてほしいのは抱っこではないのです。

実際、私のクライアントさんの中にも、抱っこしないほうが早く寝つく赤ちゃんがいます。

ママ・パパの関わりでよけいに興奮してしまうのかもしれません。

数分抱っこしてみて落ち着かないなら、お布団に下ろして声かけ（段階1）やトントン（段階2）をしたり、見守ってあげるだけで十分です。

就寝時の寝ぐずり対策でも抱っこを減らして

就寝時の寝ぐずり対策も、夜泣き対策と同様、できるだけ抱っこを減らします。

夜のルーティーンが終わって、寝ぐずりをするようなら、ステップ3の段階を踏んだ寝かしつけを始めます。

夜泣き対策と同様、なるべくトントン（段階2）までで寝かしつけるようにし、抱っこ（段階3）に進むのはどうしても落ち着かないときだけにします。

生後3カ月に入ってから、夜泣き・寝ぐずり（就寝時）の寝かしつけの方法を変えるのには理由があります。

夜寝つくときは、この時期から体内時計がしっかり働き始め、また一日の疲れが溜まっているので、赤ちゃんの眠気がぐっと強くなります。

そのため、寝かしつけのサポートを減らしやすいのです。

昼の寝ぐずり対策は生後0〜2カ月と同じ

この頃になると、日中に目を覚ましていられる時間も増えてきます。

昼のルーティーン（69頁）後にスムーズに寝つかないときは、生後2カ月までと同じやり方で段階を踏んだ寝かしつけ（ステップ3　135頁）をしてください。

日中は体内時計の働きで夜よりずっと寝つきにくいので、最終的にお布団の上で寝つかせることにはこだわらなくて大丈夫です。

抱っこでも授乳でもよいので、寝つきやすい方法で寝かしつけましょう。

第6章

生後6カ月からの
ねんトレで
夜泣きをゼロにする

POINT 1

「ねんトレ」で「一人で寝つくスキル」を身につける

第5章の冒頭でもお話ししたとおり、第1～4章に書かれていることをしてもなお夜泣きや寝ぐずりをしている場合は、寝かしつけの方法を変えましょう。

ベストな寝かしつけ方法は、「ずっとそばにいる寝かしつけ」をしないこと。ママ・パパがあれこれ寝かしつけテクニックを試すのではなく、何もしないでも赤ちゃんが一人で寝つく方法を教えるというように、発想を転換しましょう。

赤ちゃんが一人でスムーズに寝つくようになれば、夜中に目を覚ましたとしても、眠りに戻るためにママ・パパを泣いて呼ぶことはなくなります。

生後6カ月以降の赤ちゃんに一人で寝つくことを教えるためには、「**ねんねトレー**

ニング（ねんトレ）」をします。

ねんトレとは、2週間ほどかけて、赤ちゃんに一人で寝つくことを教えるトレーニングのことです。

ほとんどの研究で、ねんトレは生後6カ月以上の赤ちゃんを対象にしているので、本書もそれにならっています。

この時期に赤ちゃんが抱っこや母乳・ミルクがないと寝つかない場合、睡眠とそのような行動のつながりが強くなっています。

一度習慣づけられた行動を変えるためには、短期集中でトレーニングするのが適しているのです。

エビデンス

ねんトレの効果は、数多くの研究で証明されています。[*1]

たとえば、2002年にオーストラリアの王立こども病院から発表された研究では、夜泣きなどの睡眠トラブルを抱える生後6〜12カ月の赤ちゃん156人をランダムに2グループに分け、一方のグループだけねんトレをしました。すると、2カ月後に睡眠トラブルが解決していた割合は、ねんトレをしなかったグループでは47％でしたが、ねんトレをしたグループでは70％にも上っていました。◎*2

また、2006年にオーストラリアのフリンダース大学から発表された研究では、生後6カ月〜1歳4カ月の赤ちゃん43人をランダムにグループ分けし、ねんトレを始めてから3カ月後までの効果を検証しています。ねんトレをしたグループでは寝つきが平均で12分早くなり、夜泣きの回数も平均で1日2・5回を超えていたのが1・5回以下まで減ったことがわかりました。◎*3

ねんトレ中も、赤ちゃんが眠い以外の理由（131頁）で泣いているのに気づいたら、もちろん対応が必要です。

しかし、生後6カ月以降になると、そのような理由では泣かなくなってきます。体や心の成長に問題がなく、スケジュールや寝室環境、ルーティーンが整っていれば、**夜寝つくときや夜中に泣くということは、眠いのに寝つけないからであることが多い**のです。

POINT 2

赤ちゃんが自力で寝つく体質になる4ステップ

ステップ1　ルーティーンが終わったら部屋を出る

夜のルーティーン（110頁）どおり、赤ちゃんをお布団に下ろしてあげて、子守唄を歌います。

歌い終わったら、「おやすみ」といってママ・パパは部屋を出ましょう。

ステップ2　泣き続けたら、部屋に入って声をかける

赤ちゃんが声を上げたり、もぞもぞ動いたりしても、**何も反応せずそっとしてお**

きます。

赤ちゃんが「ぎゃー」「えーん」と泣き始めたら時計を見ます。

図表6-1の時間だけ泣き続け、落ち着く気配がなければ、部屋に入ります。ねんトレ1日目なら、部屋の外で様子を見る時間は約3分間です。

時間がたったら赤ちゃんのそばに行き、「ねんねだよ」「大丈夫だよ」と声かけします。あまり抑揚はつけず、淡々としているくらいで大丈夫です。

声をかけ終わったら、数十秒ほどで部屋を出ます。

このとき、赤ちゃんには触りません。

声かけの役割は、**「いつもと違う状況になっているけれど、これで大丈夫なんだよ」と伝えることだけ**です。

早めに部屋を出て、赤ちゃんが自分で落ち着くための時間をあげましょう。

時間はそれほど正確に計る必要はありません。

ストップウォッチでなく普通の時計を見れば十分です。

図表6-1 少しずつ一人に慣れさせる
——泣いてから部屋に入るまでの待ち時間

	部屋に入るまでの時間	最大
1日目	3分→ 5分→10分	10分
2日目	5分→ 7分→12分	12分
3日目	10分→12分→15分	15分
4日目	12分→15分→17分	17分
5日目	15分→17分→20分	20分
6日目	17分→20分→25分	25分
7日目以降	20分→25分→30分	30分

＊4より一部改変

ステップ③ 部屋に入るまでの時間を少しずつ延ばす

部屋を出てすぐにまた泣き始めたり、ずっと泣き続けている場合、次は5分程度待ってから部屋に入ります。同じように声かけをして、すぐ部屋を出ましょう。

再度泣くようでしたら、次は約10分間待ちます。

図表6-1を参考にしながら、部屋に入るまでの時間を少しずつ延ばしていきます。

時間は多少ずれても大丈夫です。待っ

ているあいだに赤ちゃんが落ち着く様子を見せたら、時間になっても部屋に入らず、そのまま寝つくかどうか、様子を見ましょう。

ステップ④ 寝つくまで繰り返す

ステップ3の最大時間（ねんトレ1日目なら10分）を超えても寝つかない場合は、さらにもう10分待って部屋に入ります。これを寝つくまで繰り返します。

いったん寝ついて夜中にまた目覚めたときは、その日のいちばん短い待ち時間（ねんトレ1日目なら3分）から始めましょう。

これを朝の起床時間まで続けます。

ママ・パパと赤ちゃんが同じ寝室で寝ている場合、夜中はわざわざ部屋の外に出なくても大丈夫です。そのかわりに、ママ・パパは完全に寝たふりをして、時間ごとに声かけをしてください。

寝返りを始めた赤ちゃんにはベビーモニターを

寝返りを始めたばかりの赤ちゃんは、仰向けからうつ伏せの寝返りはできても、うつ伏せから仰向けの寝返りがえりはスムーズにできないことがあります。

この時期にねんトレをするときは、**ベビーモニター**を準備しましょう。寝室に設置したカメラで、赤ちゃんの様子をリアルタイムで見ることができます。

ねんトレ中に部屋を出たら、ベビーモニター越しに赤ちゃんを観察します。

赤ちゃんが寝つく前にうつ伏せになってしまったら、呼吸に合わせて背中が動いているか、または寝息が聞こえるか、モニターの画面や音で見守ります。

赤ちゃんが寝ついてしばらくたったら、部屋に入ってそっと仰向けに戻します。

ねんトレ期間が終わっても、赤ちゃんが両方向の寝返り（寝返りと寝返りがえり）をマスターするまでは、これを続けてください。

POINT 3

最初の3、4日ががまんすれば寝つきが格段によくなる！

ねんトレを開始すると、初めはトレーニング前よりも寝つきに時間がかかったり、夜中に何度も目が覚めたりするかもしれません。

しかし**早ければ3、4日、長くて1週間後には多くの場合で改善が見られ、およそ2週間で赤ちゃんは泣かなくなっていきます**。

いったん改善した夜泣きや寝ぐずりがぶり返すこともありますが、それでも3週間ほどたつとかなり睡眠が安定します。

ねんトレは、2週間だけこの方法で寝かしつけて、終わったら元に戻すものではありません。

ママ・パパはこれからずっと、ルーティーンが終わったら寝室を出ていくことになります。

ねんトレをしたりしなかったりすると、上手に寝つけるようにはなりません。**一度始めたら、必ず2週間は続けるようにしてください。熱が出た、鼻が詰まって苦しそうなど、体調面の問題がある場合は例外です。**いったんお休みして、体調が回復してから再開しましょう。

ねんトレ開始に最適なのは「連休前」か「金曜日」

ねんトレはいつ始めるかが大切です。

始めたばかりで赤ちゃんの睡眠が不安定なうちは、ちょっとした環境の変化をきっかけに、夜泣きや寝ぐずりがぶり返してしまうことがあります。**ねんトレは、できるだけ変化の少ない時期を選んで行ってください。**引っ越しや保育園入園、旅行などの予定がない期間を、少なくとも2週間確保しましょう。

ねんトレ開始日は、金曜日の夜や連休前日の夜がおすすめです。

トレーニング開始から最初の数日間は特に大変ですが、週末ならママ・パパが助け合えるからです。

日中の赤ちゃんのお世話をパパにお願いしてママは休んだり、ねんトレ自体をパパにお願いすることもできます。

もちろん、土日お休みでないご家庭は、お休み日に合わせて設定してください。ママ・パパのあいだで助け合うことが期待できない場合は、日中におばあちゃんおじいちゃん、シッターさんなどの手を借りられるよう、準備しておくと安心できると思います。

POINT 4

親の不安を事前になくせば ねんトレは成功する

ねんトレを始めると、多かれ少なかれ必ず赤ちゃんは泣きます。

最初の数日はよくなるどころかどんどん悪くなったり、1週間目は順調だったのに、ちょっとしたきっかけで悪化したりするのは、よくあることです。

そうなると、途中でねんトレをあきらめ、抱っこや授乳で寝かしつけてしまうことになりがちです。

しかし、**ねんトレを途中で止めてしまうと、赤ちゃんは逆に長く泣くようになります。**

お布団の上で寝つけるよう長時間待ったあとに、根負けして抱っこや授乳で寝かしつけてしまうと、赤ちゃんが誤った学習をしてしまう可能性があるのです。

どんなに泣いてもママ・パパが寝かしつけに来てくれないと赤ちゃんが思っている場合、眠くても泣かないで、違う方法を試そうとします。

しかし、ある晩ちょっと泣いてもママ・パパが寝かしつけに来てくれなかったけれど、翌日もっと頑張って泣いたら来てくれた、という場合はどうでしょう。

頑張って泣けばママ・パパが来てくれやすいと学習しているので、翌々日はさらに長時間頑張って泣くようになってしまうのです。

頭ではわかっていても、赤ちゃんの泣き声のパワーは強力です。

夜中に真っ暗な寝室の中で泣き声をずっと聞いていると、不安になりますよね。

「赤ちゃんにかわいそうなことをしているんじゃないか」

「本当はお腹がすいているんじゃないか」

「我が家にはねんトレは合わないんじゃないか」

など、いろいろな迷いが出てくるかもしれません。

途中でブレるとねんトレは失敗しやすい

ねんトレ成功のカギは、不安になってもブレずにトレーニングを続けられるかどうかにあります。

私のクライアントさんの中には、以前ねんトレに失敗した経験をお持ちの方もいますが、多くは、十分な期間続けられなかったことが原因のようです。

ブレずにねんトレを続けるために大切なのは、**ねんトレに対する不安をできる限りトレーニング前に解消しておく**ことです。

ねんトレ中に一度不安になると、悪いことばかり考えてしまって不安がどんどん大きくなり、ねんトレを中断してしまう原因になります。

少しでも引っかかっていることがあれば、今のうちに解消しておきましょう。

次節からは、ねんトレのよくある不安や誤解について解説していきます。

Q1 心の成長によくないんじゃない？

A むしろ「泣いたらすぐ抱っこ」が逆効果です

赤ちゃんが泣いたらすぐ抱っこしてあげましょうというのが、今の育児で基本とされていることです。

しかし、ねんトレは一見真逆です。

赤ちゃんが眠くて泣いていても、あえて抱き上げたりせずにそっとしておくことで、夜泣きや寝ぐずりを解決する方法だからです。

ねんトレが赤ちゃんの心の成長によくないのでは、と心配になる気持ちは、とてもよくわかります。

実は、**ねんトレは赤ちゃんの心の成長に悪影響を与えない**ことは、医学研究によって証明されています。◎*5

2012年にオーストラリアのメルボルン大学から発表された研究では、睡眠トラブルを抱える生後7カ月の赤ちゃん326人をランダムに2グループに分け、片方のグループにのみねんトレをしました。

そして5年後に、子どもの精神面の発達や愛着障害を含む親子関係のテストの点数を比較したのです。

その結果、2つのグループで点数に差はなく、悪影響がないことがわかりました。

また、ねんトレは愛着形成に悪影響を与えないどころか、**赤ちゃんが泣いたときに素早く抱っこすることだけを目標にするのはよくないと示唆する研究結果があります。**

オランダ・ライデン大学の研究者が2000年に発表した研究では、赤ちゃんがいる家庭50戸を生後3週間から9カ月まで3週間ごとに訪問して、赤ちゃんが泣く様子や親の対応を観察しました。[*6]

そして1歳3カ月に成長したときに、愛着パターンを評価しました。

すると、**不安定な愛着パターンを持つ子の親は、安定した愛着パターンを持つ子ども**

の親よりも、泣いたときにより素早く反応していたことがわかりました。

ママ・パパの睡眠不足のほうが大問題

夜中に何度も赤ちゃんの目が覚めるのに、その度に頑張って授乳や抱っこをしようとすると、ママ・パパは睡眠不足になってしまいます。

これでは、日中に笑顔で赤ちゃんに向き合うのはむずかしいと思います。赤ちゃんが何を求めているのか考える余裕もなく、とりあえず抱っこするなど、行きあたりばったりの対応になってしまいがちです。

赤ちゃんの心の成長はとても大切です。そして、**泣いたら何がなんでもすぐ抱っこして泣き止ませなければ、心の成長に悪影響があるというわけではありません。**

むしろ、「泣いても大丈夫だよ」という気持ちで余裕を持って赤ちゃんの様子を観察し、赤ちゃんが本当に求めていることを見分けてから、必要な対応をしてあげるほうがよいと思います。

ねんトレをすることで、ママ・パパが十分睡眠をとれるようになると、体力的・精神的に余裕が出てきます。

赤ちゃんが何を求めているかを丁寧にくみとって、落ち着いて対応できるようになりますし、日中も笑顔で遊んであげられるようになります。

心の成長は夜中だけに行われるものではありません。

日中に十分赤ちゃんとのスキンシップをしてあげて、夜は親子でぐっすり眠るのが、赤ちゃんの心の成長に最適なのです。

Q2 かわいそうで放っておけないんだけど……

A 「ぐっすり眠ること」は赤ちゃん自身の望みです

赤ちゃんの泣き声を聞くと、多くの大人は敏感に反応し、一刻も早く泣き止んでほしいと思うものです。

しかし、**赤ちゃんがギャン泣きしていても、案外大したことがない理由で泣いていることも多いのです。**

「かまってほしいから」「欲しいおもちゃが上手に取れないから」「お腹がすいているから」「眠いから」というように、不快を感じる理由は違っても、表現方法はすべて「泣く」ことになってしまいます。

寝言での夜泣き（128頁）もその一つの例です。

ねんトレを始めると、いつもと違う方法で寝かしつけることになります。

慣れ親しんだ方法で寝かしつけてもらえない赤ちゃんが泣いてしまうのは、しかたがないことです。

でも、**赤ちゃんが激しく泣いているからといって、必ずしもすごくつらいわけでも、親を責めているわけでもありません。**

ただ単に、「眠いのに眠れない」という気持ちを表現しているだけです。

ねんトレは放置ではなく、教育

それでは、赤ちゃんが不快と感じることはしないほうがよいのでしょうか？

赤ちゃんの歯みがきをするとき、赤ちゃんをお風呂に入れるときを考えてください。嫌がってギャン泣きしたからといって、止めますか？

もちろん、嫌がることはしないという育児方針があってもよいかもしれませんが、赤ちゃんの健康を優先するなら、泣いても歯みがきはするし、毎日でなくとも2、3日に1回くらいはお風呂に入れることになるでしょう。

その時は嫌がられるかもしれません。ですが、歯みがきやお風呂は体を清潔に保ち、健康でいるために大切なことであって、赤ちゃんのためになります。

これは、かわいそうなことではないですよね。


ねんトレも同じです。

そもそもねんトレ中に赤ちゃんが泣くのは、眠いのにうまく眠れないからです。

赤ちゃんが求めていることの根本は、いつもの寝かしつけをしてもらうことではなく、スムーズに寝ついてぐっすり眠ることですよね。

そう考えると、**ねんトレは赤ちゃんの本当のニーズに応えている**と考えることもできます。


さらに、ねんトレをしてママ・パパがぐっすり眠れれば、結果的に日中にもっと笑顔で赤ちゃんと関わってあげられるようになります。

短期的には嫌がるかもしれませんが、ねんトレは赤ちゃんのためになるのです。

赤ちゃんが泣いたとき、「かわいそう」とか「とにかく早く泣き止んで欲しい」

という気持ちになるのは、普通のことです。

少し練習が必要ですが、そこでいったん立ち止まり、冷静になってみましょう。赤ちゃんが泣いているのが本当にかわいそうなのか、赤ちゃんをすぐに泣き止ませることだけが赤ちゃんのためになるのか、考えてみてください。

また、赤ちゃんの「嫌だ」という気持ちはそのまま認めてあげてください。「そうだよね、嫌だよね。でも、大丈夫。自分でねんねする練習をしたら、もっと毎日楽しくすごせるよ」という気持ちで接してあげるのです。

ねんトレは、決してかわいそうな赤ちゃんを放置することではありません。赤ちゃんによい睡眠の習慣を教えてあげる教育なのです。

Q3 近所迷惑にならない？

A 逆に静かになります

集合住宅に住んでいる方や、ご両親・義理のご両親と同居している方は特に、赤ちゃんが夜中に泣くと迷惑ではないかと心配になることがあると思います。最近では、虐待を疑われるのではないかと不安にもなりますよね。その気持ちは本当によくわかります。

でも、ママ・パパがねんトレをしようと思っているのは、すでに赤ちゃんが夜中に何度も泣いたり、長時間寝ぐずりしたりしているからですよね。ねんトレをすると、たしかに最初のうちは赤ちゃんが泣きますが、2週間程度で夜泣きや寝ぐずりがかなり減ります。

それは結局ご近所さんのためにもなるはずです。

それでも心配なときは、「赤ちゃんが産まれたのですが、夜泣きがひどくてご迷惑をおかけしています」とご近所の方にあいさつをしておくのがよいと思います。

そのうえで、ねんトレを始める前にあらかじめ第1章から第4章で紹介した方法を試しておいてください。つまり、朝と昼の生活習慣、寝室環境、夜のルーティーンをできる限り整えておくのです。

事前に夜泣きを減らせるので、ねんトレを始めやすくなると思います。

もちろん、一所懸命お昼寝をさせようとしてもなかなか寝つかないことだってありますし、寝室を真っ暗にしようと思っても、完全には暗くできないこともあるでしょう。

完璧である必要はないので、それぞれのご家庭の中でできる限りのことをしていただければOKです。

Q4 赤ちゃんの安全が心配……

A ねんトレ前に寝室環境を整えてください

赤ちゃんが泣いているのを放っておくのは危険だといわれることもありますね。しかし、**正しく準備をすれば、危険なことはありません。**

目を離したすきに掛け布団や枕で窒息するのを心配される方もいらっしゃいますが、**ねんトレをするしないにかかわらず、掛け布団や枕を赤ちゃんの寝る場所に置くのはそもそも望ましくありません。**

赤ちゃんを24時間見守り続けるのは、一緒の寝室で寝ていても不可能です。ですから、ママ・パパが眠っているあいだも赤ちゃんに危険がないように、寝室をできるだけ安全にしておいてください。

掛け布団や枕は避け、クッションなどのやわらかいもの・紐のような絡まりやすいものなども、赤ちゃんの手が届くところに置かないでください。

寝返りを始めたばかりの赤ちゃんの場合は、寝室環境を整えたうえで、ベビーモニターを利用してください（153頁）。赤ちゃんの寝ている様子が気になってしかたがない、という方にもおすすめです。

ベビーモニターが乳幼児突然死症候群（SIDS、89頁）や窒息の予防に役立つかどうかは、まだ証明はされていません。しかし、不安が解消されるのであれば、利用するのがよいと思います。

Q5 親子同室でお布団で寝かせている。どうすればいい？

A 親子同室、お布団でもやり方はあります

日本の家庭は、赤ちゃんと同じ寝室でママ・パパが一緒に寝ているケースがほとんどです。

ねんトレ＝親子別の寝室で寝るというイメージがあるかもしれませんが、実際はそうとは限りません。

同じ寝室で寝ている場合でも、ねんトレで赤ちゃんに一人で寝つく練習をさせると、夜泣きを改善することができます。

エビデンス

２０１０年に発表された、17の国と地域の赤ちゃん約３万人を対象とするアンケート調査の結果、夜泣きを減らすために大切なのは、寝室を別にすることではな

く、寝室がどうであれ赤ちゃんが一人で寝つくかどうかであることがわかりました。[*7]

このアンケートでは、世界中の家庭でママ・パパと赤ちゃんが同じ寝室で寝ているのか、別の寝室で寝ているのかも調べられています。

その結果、寝室を赤ちゃんと別にしている家庭のほうが、全体として夜泣きが少なかったのですが、アジア人の多い国に限ってみると、寝室によって夜泣きの回数は変わりませんでした。

なぜ、このような違いが出たのでしょうか？

実は欧米人の多い国では、寝室が別の家庭のうち、60％近くの赤ちゃんが一人で寝ていました。

一方でアジア人の多い国では、寝室が別の家庭のうち、一人で寝ている赤ちゃんはわずか13％でした。

夜泣きの回数の差には、寝室が別かどうかではなく、一人で寝ているかどうかが関係していたのです。

152頁では、「親子が同室で寝ている場合には、ママ・パパは赤ちゃんが夜泣きしても、寝たふりをすれば部屋から出なくてもよい」といった工夫もお伝えしてきました。

私のクライアントさんも、ママ・パパと赤ちゃんが同じ寝室で寝ている状態でねんトレをする方が多く、みなさん問題なく成功しています。

お布団からはみ出しても戻さないのがポイント

お布団で寝ていてもねんトレは可能ですが、ベビーベッドより難易度が少し上がります。

ママ・パパが赤ちゃんから離れようとすると、赤ちゃんがしがみついたり、お布団から出ていったりすることがあるからです。

親子同室、お布団でねんトレをするときは、**赤ちゃんがお布団から出たとしても、もとに戻さない**のがポイントです。

お布団でねんねしようね、と言葉で伝えるのはかまいませんが、お布団に戻したくなるのはぐっとこらえて、そのままにしましょう。

はみ出るたびに毎回戻していると、はみ出ては戻す、戻してははみ出る、の繰り返しになってしまい、赤ちゃんが寝つかなくなる原因になります。

お布団からはみ出して寝てしまったら、寝ついた後にそっとお布団に戻してあげてください。

第3章のとおり**寝室環境を安全にするのがむずかしい場合や、赤ちゃんが自力で寝室から出てきてしまう場合は、赤ちゃんを寝室に一人にするねんトレは避けてください。**

この場合、赤ちゃんが生後6カ月を過ぎていても、ねんトレではなく、第5章の夜泣き・寝ぐずり対策をするようにしましょう。

改善までにかかる時間は長くなりますが、赤ちゃんの安全が第一です。

Q6 夜間授乳をなくさないとダメ？

A 授乳しながらでもねんトレはできます

第5章の冒頭でお話ししたとおり、赤ちゃんが寝つくときに親がそばにいたり、夜中に赤ちゃんが目覚めるたびに母乳・ミルクを飲ませながら寝かしつける家庭ほど、夜泣きが多いことがわかっています（126頁）。

しかしこれは、夜間断乳しないと夜泣きは改善できない、という意味ではありません。お腹がすいていない状態での、寝かしつけるためだけの母乳・ミルクを止めればよいのです。

ねんトレ中に母乳・ミルクを与えるときは、時間をあらかじめ決めておきます。おすすめは**22〜24時のあいだ**です。赤ちゃんがよく目覚めるタイミングに設定してください。

決めた時間を過ぎてから赤ちゃんが泣いたら、2〜3分待って寝言でないか確認したあと、すぐに母乳・ミルクを与えます。

飲み終わったら、できるだけ赤ちゃんが寝つく前に乳首を離してお布団に下ろし、ママは部屋を出ます。

部屋を出たあとに泣いてしまったら、通常のねんトレを再開します。図表6－1の時間どおり待ち（親子同室でママ・パパがベッドに入ったあとなら寝たふり）、部屋に入って声かけをします。

Q7 ねんトレは結局欧米人向けなんでしょ？

A アジア人を含めた研究でも成果が出ています

子どもの睡眠やねんトレの研究は、欧米の文化圏のものがほとんどです。日本の研究は1歳以降の睡眠時間の調査が主で、0歳の赤ちゃんがどのくらい寝ているかというデータや、ねんトレについての研究は見あたりません。

しかし、オーストラリアやカナダはアジア人の住民も多く、アジア人家庭も含めた研究が行われています。

オーストラリアで行われた研究では、対象となった家庭の15〜30％は、英語以外の言語を使用していました。◎[*8]、◎[*9]、◎[*10]

カナダで行われた研究では、対象の9％が中国、9％が南アジアの国の家庭でした。◎[*11]

これらの研究でも、ヨーロッパやアメリカの研究と同様に、ねんトレの効果を示した結果が出ています。

さらに、睡眠不足だと肥満になりやすいことを示した研究の一つは、シンガポールで行われたものでした。○*12

白人と黒人の睡眠時間の差を比較した研究では、黒人のほうがお昼寝の時間が長いものの、睡眠時間の合計には差がないという結果になりました。○*13

ねんトレの効果や、必要な睡眠時間の合計については、人種による差はあまりないと考えてよいでしょう。

第7章

赤ちゃんと子どもの睡眠お悩み相談室

Q1 母乳・ミルクはどちらがよい？

A 一長一短。好きなほうを選んでください

私は、**母乳でもミルクでも夜泣きはあまり変わらない**と思っています。

寝かしつけるために夜だけミルクを足している方もいますね。

これまでの研究では、**母乳のほうが夜中に目が覚める回数が多い**傾向にあるようです。しかし**母乳のほうが夕方の黄昏《たそがれ》泣きは少なかったり、親の睡眠時間はむしろ増えたりする**という結果も出ています。

１９９７年のアメリカ・イーストテネシー州立大学の研究では、44人の赤ちゃんの生後４週のときの睡眠時間を母親に記録してもらいました[○*1]。

すると、母乳育児の赤ちゃんのほうがミルク育児の赤ちゃんより夜泣きが多く、夜の睡眠時間も少ないという結果でした。

一方で、2012年にイスラエルから発表された論文では、生後2～4カ月の赤ちゃんの母親94人にアンケート調査を行っています。[*2]

母乳育児とミルク育児で比較したところ、母乳育児の赤ちゃんのほうが黄昏泣きは少なく、そして夜に泣く回数は多いものの、夜の睡眠時間は変わらなかったという結果でした。

2007年のアメリカ・カリフォルニア大学の研究では、生後3カ月の赤ちゃんがいる両親133組を対象に調査を行っています。[*3]

その結果、母乳育児のママ・パパよりもミルク育児のママ・パパのほうが、一日の睡眠時間が40～45分間短いという結果が出ています。

母乳を与えるよりもミルクを作って与えるほうが時間が長くかかるので、睡眠時間が短くなってしまうのかもしれません。

ミルク育児のほうが夜泣きが少ない傾向にあるのは、ミルクのほうが腹持ちがよいからというよりは、親の行動が変わるからではないかと思います。

ミルクなら与える間隔が容器に書いてあるので、その時間や回数にある程度従います。前回のミルクから3時間たっていなければ、お腹がすいたのではないだろうと判断して、新たにミルクを与えず、違う方法であやそうと努力しますよね。

一方で、母乳だと1、2時間しか間隔が空いていなくても、もしかしたらお腹がすいたのかもしれないと思い、すぐ授乳するという対応になりがちです。

母乳の分泌量に不安がある場合に、夜にミルクを足すのはかまいません。ですが、ミルクを足したりミルクに変えたりすることで赤ちゃんが寝つきやすくなるとは限りません。

母乳でもミルクでも、赤ちゃんが泣いたとき、何を要求しているのか考えることが大切です（131頁）。

赤ちゃんがお腹がすいているならあげる、ただ眠いだけなら違うあやし方をする、とシンプルに考えてみてください。

Q2 離乳食を早く始めたほうが寝つきやすい？

A その通りです。なるべく遅らせないでください

離乳食を始める時期と睡眠については、新しい研究結果が出ています。**離乳食の開始は遅らせないほうがよい**でしょう。

2018年にロンドン大学の研究者が発表した論文では、**離乳食を早く始めたほうが赤ちゃんが寝つきやすい**という結果が出ています[◎*4]。

これはアレルギーについての研究に付随して行われた調査です。

1225人の生後3カ月の赤ちゃんをランダムに2グループに分け、一方のグループは生後3カ月から、もう一方のグループは生後6カ月から離乳食を与えました。

すると、生後3カ月から離乳食を与えたグループのほうが、最大で16・6分長く眠り、夜泣きの回数も少ない傾向にあったのです。

とはいえ、生後3カ月から離乳食を始めるのは、現在の常識から考えてもちょっと早すぎるように思います。

生後3カ月ですと、口の中に入った固形物を舌で押し出す反射がまだ残っている時期です。

世界保健機関（WHO）も生後6カ月からの離乳食を推奨していますし、日本のガイドラインでも生後5、6カ月からとされています。

離乳食を早く始めるというよりは、開始を遅らせず、生後5カ月頃から試してみるのがよいでしょう。

Q3 赤ちゃんがうつ伏せで寝てしまう。仰向けに戻すべき？

A 寝返りがえりがスムーズならそのままでもOKです

乳幼児突然死症候群（SIDS、89頁）のリスクを下げるために、赤ちゃんは仰向けに寝かせるべきなのは知っている方も多いと思います。

しかし、寝返りを始めると、いくら仰向けに戻しても、お布団に下ろしたそばからすぐに寝返りしてうつ伏せになってしまうことがあります。

しかたなく、赤ちゃんを仰向けにして押さえたまま寝かせるママ・パパもいるのですが、かなり大変です。

それが寝つくときの習慣になってしまい、夜泣きにつながることもあります。

実はアメリカ小児科学会は、仰向けからうつ伏せの寝返り、そしてうつ伏せから仰向けの寝返り（寝返りがえり）が両方ともスムーズにできるようになった赤ちゃんが、自分で寝返りしてうつ伏せで寝ている場合、仰向けに戻さなくてもよいと述べています。[*5]

危険なのは「いつも仰向けなのにたまたまうつ伏せ」

SIDSのリスクが特に高いのは、いつもは仰向けで寝ている低月齢の赤ちゃんが、たまたまうつ伏せになってしまったときです。

745人のSIDS症例を調査したヨーロッパの研究では、SIDS発症のピークは生後10週で、症例の82％が生後6カ月未満の赤ちゃんでした。[○*6]

また、カリフォルニア州のSIDS症例185人と、その比較対象となった312人の健康な赤ちゃんを比べた研究では、寝ているときの姿勢を調べています。

健康なグループでは、いつもうつ伏せの赤ちゃんは13・9％、いつも仰向けなのに調査日にたまたまうつ伏せだった赤ちゃんは1・6％でした。

一方でSIDS症例のグループでは、いつもうつ伏せの赤ちゃんは18・8％、たまたまうつ伏せになっていた赤ちゃんは9・7％でした。

ＳＩＤＳ症例のグループでは、いつも仰向けなのにたまたまうつ伏せだった赤ちゃんが多いことがわかります。[*7]

仰向けのほうが安全であることに変わりはありませんが、自分で自由に姿勢を変えられるようになった赤ちゃんであれば、うつ伏せでも比較的リスクは低いといえるでしょう。

寝かしつけの際に赤ちゃんをお布団に寝かせるときは、どんな場合でも仰向けにしてください。

１回戻してあげれば仰向けで寝られる赤ちゃんは、仰向けで寝る習慣をつけてあげたほうが安心です。

しかし、すぐ自分で寝返りをしてうつ伏せに戻る赤ちゃんは、仰向けを保つために押さえ続ける必要はありません。

寝返り・寝返りがえりのどちらもスムーズにできるなら、うつ伏せで寝てしまった場合でも、仰向けに戻さなくてもよいでしょう。

寝返りがえりがまだスムーズにできない赤ちゃんの場合は、153頁を参考にしてください。

寝返り防止クッションは危険

ただし、繰り返しになりますが、安全な寝室環境が整っていることが前提です。特に、敷き布団がやわらかすぎないか、シーツにしわがよっていないか、枕やクッションを置いていないかは注意してください。

なお、**寝返り防止用のクッションはおすすめしません**。第3章でもお話ししたように、アメリカでは寝返り防止クッションによる窒息が原因で赤ちゃんが亡くなったケースが報告されています。アメリカ食品医薬品局（FDA）は現在、このようなクッションの使用を止めるよう呼びかけています。[*8]

Q4 「もう1冊絵本を読んで」などといって寝ようとしない

A 「ポスター作戦」がおすすめです

1歳6カ月を過ぎると、徐々にコミュニケーションもスムーズになってきて、親にいろいろな要求をする子が出てきます。

就寝時間になっても「本をもう1回読みたい」「水を飲みたい」「チーズを食べたい」などさまざまなことをいって、少しでも寝るのを遅らせようとするのです。

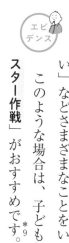

このような場合は、子どもと話し合って、寝るときのルールを一緒に決める「**ポスター作戦**」がおすすめです。[*9]

少し古いものですが、1989年にアメリカ・アーカンソー小児病院から発表された論文があります。[◎*10]

夜寝つくのを嫌がる子ども36人をランダムに3グループに分け、1グループは一時的に就寝時間を遅らせて楽しいルーティーンをし、もう1グループはねんトレをし、最後の1グループは何もしませんでした。

すると、何もしなかったグループに比べ、ほかの2グループの寝つきはスムーズになりました。

夜泣き・寝ぐずり対策（第5章）やねんトレ（第6章）は、ママ・パパの行動で寝つく力を赤ちゃんに身につけさせる方法です。

しかし**言葉がわかるようになった子には、行動だけではなく言葉や絵でも伝えたほうが、スムーズに理解してくれるようになります。**

ルーティーンが楽しくなる「ポスター作戦」5ステップ

これから紹介するポスター作戦は、親子で話し合い、子ども本人に寝ようという意思を持たせつつ、よい寝つきかたを子どもに教える方法です。

先にご紹介した論文のように、**就寝時間をいったん遅くすることと、子どもが楽し**

みになるルーティーンを決めることが大切です。

ステップ1　子どもと話し合って、ルーティーンを決める

子どもと話し合って、夜のルーティーンを決めましょう。

第4章のルーティーンをベースにしつつ、どの絵本を何冊読むのか、どの順番で行うのかなど、**ある程度子どもの意見も取り入れながら決めます**。

ステップ2　絵入りポスターを作ってリビングに貼る

決めたルーティーンは、絵と簡単な言葉でポスターに書き、リビングに貼っておきましょう（図表7-1）。

ステップ3　起床時間とお昼寝をチェック

現在、就寝時間が遅くなっているなら、起床時間も遅くなっている可能性が高いです。今一度、朝6〜7時に起こしているか確認してください。

あわせて、お昼寝時間も56〜57頁を参考に調整するとよいでしょう。

ステップ④ 実際に寝つく時間まで就寝時間を遅くする

幼児期になると、眠くなりすぎてぐずり、逆に眠れなくなることが減ります。まずはいつも実際に寝つく時間まで就寝時間を遅らせて、それに合わせてルーティーンを開始する時間も決めます。

子どもの眠気が強くなってきた段階で寝室に連れて行くようにしましょう。

ステップ⑤ ポスターにごほうびシールを貼らせる

100円均一ショップなどで、子どもの好きなシールを選ばせます。

ポスターを確認しながら、**ルーティーン一つひとつをやるごとに、ごほうびシールを渡してポスターに貼らせてあげましょう**。

シールを貼るだけで満足できる子はそれでよいですし、さらにごほうびが必要な子は、「シールが5個たまったら、週末に近所の公園に遊びに行く」など、ちょっとしたごほうびを約束してあげましょう。

図表7-1 ちゃんとできたらごほうびシールを
——ポスター作戦の例

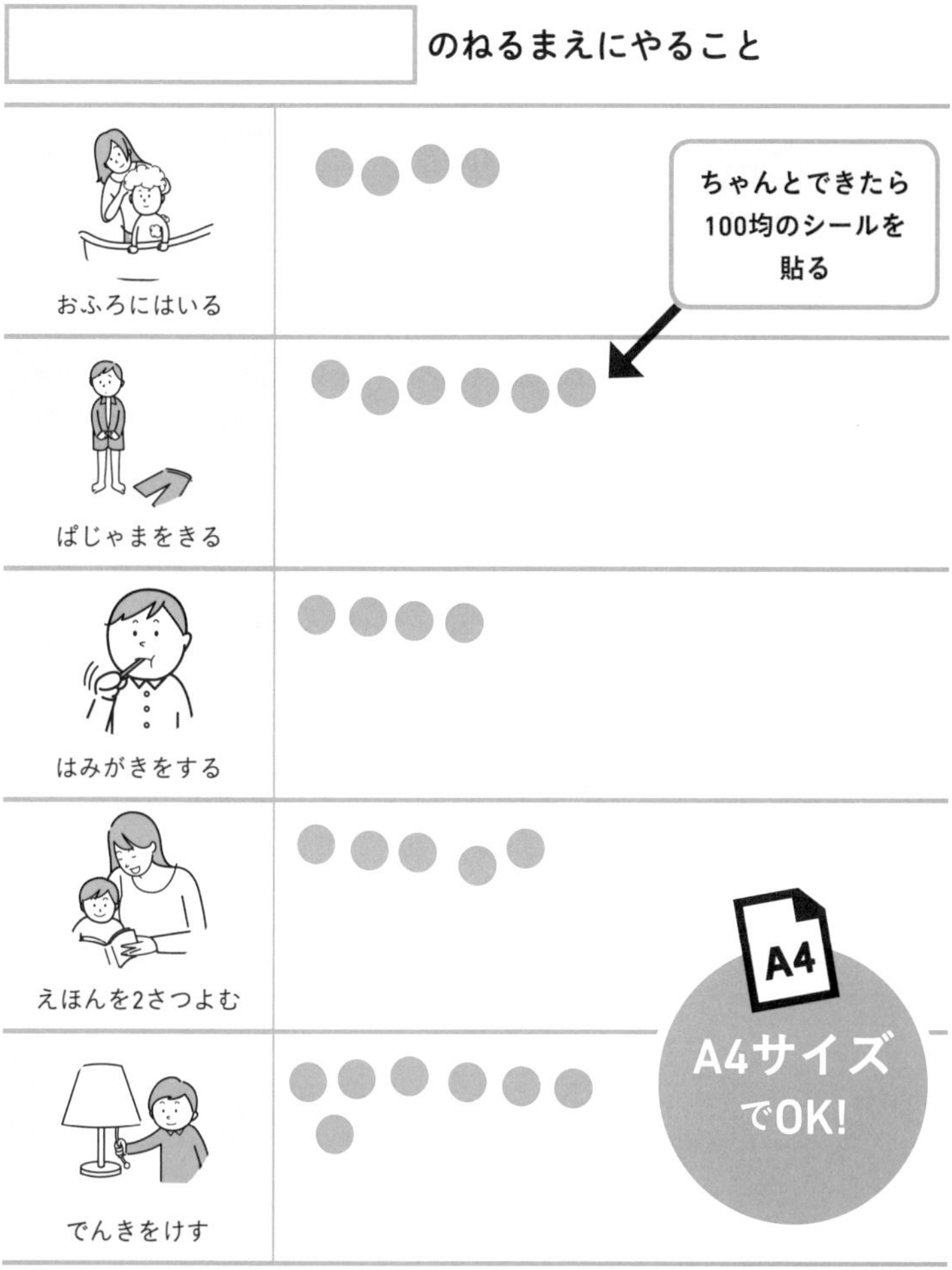
のねるまえにやること
おふろにはいる
ぱじゃまをきる
はみがきをする
えほんを2さつよむ
でんきをけす
ちゃんとできたら
100均のシールを
貼る
A4
A4サイズ
でOK!

ステップ⑥ 就寝時間を少しずつ元に戻す

このような方法で、ルーティーン開始から寝つくまでスムーズに行動できるようになったら、あとは就寝時間を理想的な時間に戻していきましょう。

私の経験上、**2、3日ごとに15分ずつ戻す**とよいと思います。お昼にうまく運動できていると、すぐに戻る子もいます。

一度決めたルーティーンは譲らない

ここでのポイントは、**決めたルーティーンはできるだけ譲らない**ことです。

子どもと話し合って絵本は2冊と決めたなら、3冊目はありません。

ここでママ・パパがブレてしまうと、ルールは守らなくてよいものだと思わせてしまいます。

もし、絵本の3冊目を読んでもいいかなと思うのであれば、最初から絵本を3冊読むルーティーンにしてください。

絵本を読むのは終わったということを、ポスターを見せながら真剣に伝えて説得しましょう。

最初はぐずると思いますが、ブレずにいれば、納得してくれるようになります。

例外は、子どもがかんしゃくを起こしてしまう時です。

そのような場合は、少し親が譲って気持ちを落ち着かせてあげましょう。

翌日からはもう少し就寝時間を遅くし、ルーティーンも決め直して、スムーズに寝つける流れを作っていきましょう。

ママ・パパが協力し合うことも大切です。

いくらママが頑張っていても、週末になってパパが寝かしつけをしたときにルールを破らせてしまうと、うまくいきません。

始める前にママ・パパのあいだでよく話し合っておきましょう。

Q5 子どもが怖い夢を見て眠れないとき、どうしたらいい？

A 絵本で夢と現実の違いを教えてください

3歳くらいになると、悪夢で夜中に目が覚める子が出てきます。夢でなくても、暗い場所を怖がるようになりがちな時期ですね。

そんなとき、まずはよく話を聞いてあげてください。具体的に何が怖いのか、できるだけ聞き出してみましょう。暗闇が怖いなら、寝るときに薄暗い明かり（第3章）をつけっぱなしにしても大丈夫です。

悪い夢を見ていたときは、絵本を活用してみてください。

主人公が夢を見て現実に戻ってくるようなストーリーの絵本を読んで、夢と現実は違

うことを教えてあげましょう。

怖い夢を退治するようなストーリーの絵本を読んだり、見ていた夢の続きのお話を一緒に考えてハッピーエンドで終わらせてあげたりするのもよいですね。

怖い夢から立ち直れるおすすめ絵本

- 『かいじゅうたちのいるところ』(モーリス・センダック著、じんぐうてるお訳、冨山房、1975)
- 『ペネロペ　こわいゆめをやっつける』(アン・グットマン文、ゲオルグ・ハレンスレーベン画、ひがしかずこ訳、岩崎書店、2008)
- 『だれもしらないバクさんのよる』(まつざわありさ作・絵、絵本塾出版、2012)

夜中に目が覚めて泣いたりするのは、夢以外の原因がある場合もあります。たとえば**夜驚症**《やきょうしょう》や**睡眠時遊行症**（**夢遊病**）です。夢は夜の後半、朝に近い時間に見ることが多いですが、夜驚症や夢遊病の症状は夜の前半に起こることが多いです。

夜驚症や夢遊病の子は夜中に起きて泣き叫んだり、歩き回ったりしますが、なだめようとしても効果はなく、余計に興奮してしまうこともあります。

安全に注意して見守りましょう。

本人の脳は完全に覚醒しているわけではなく、朝に目が覚めると、夜のことはまったく覚えていないのも特徴です。

夜驚症や夢遊病は、月に1、2回であれば治療の必要はなく、1、2年で自然になくなるといわれています。

ただし、てんかんなどのほかの病気が原因で、悪夢や夜驚症と似たような症状が起こることがあります。

明らかに悪夢とわかり、程度もさほどひどくない場合はよいのですが、そうでない場合は一度、小児科で相談してみてください。

おわりに

育児は昔から世界中で行われています。

そしてここ数十年の研究で、夜泣きや寝ぐずりに対してどのように対策するのが望ましいかも、ある程度わかっています。

それなのに、未だに安心して相談できる場所がなく、多くのママ・パパが夜泣きや寝ぐずりに悩んではネットを検索し、玉石混淆の情報の海で遭難しています。

これって、おかしいと思いませんか？

そんな、社会があるべき姿になっていないことへのちょっとした怒りが、この本を書こうと思ったきっかけでした。


この本で紹介した夜泣き・寝ぐずりの改善方法は、地味で、面倒なやり方に感じる方もいると思います。

もちろん、何かを飲んだり食べたりするだけで夜泣きや寝ぐずりが本当によくなるなら、私だってそうしたいです。

でも、夜泣きや寝ぐずりの原因を根本から解決しない限り、それはむずかしいのが現実です。

地道によい睡眠習慣を身につけていくことが、結果的にいちばんの近道です。

私は、正しい夜泣き・寝ぐずり対策の知識が広まれば、日本はもっとよくなると本気で信じています。

医師として働く中で身にしみて感じたのは、日本の将来に対する危機感でした。

子どもの数は、この先もしばらく減り続けるでしょう。

それでも将来の日本をよくするためには、子どもたち一人ひとりが能力を十分発揮できるよう、教育に投資するしかありません。

その最初の一歩は、彼らが育つ家庭をよくすること、つまりママ・パパを元気にすることです。

夜泣きや寝ぐずりを解決して、ママ・パパが睡眠をしっかりとり、自分自身のための時間、夫婦の時間をきちんと作ることができるようになると、見える世界がまったく違うものになります。

育児が楽しくなり、日中に笑顔で子どもに向き合えるようになります。

夫婦の会話も増え、睡眠不足でイライラし、八つ当たりすることもなくなります。

お仕事を始めたり、新しい趣味にチャレンジしたりする方もいるでしょう。

そしてそんな家庭で育った子は、自分に自信を持ち、何事にも安心してチャレンジができるようになります。

つらいことをがまんして子どもに尽くす生活は、誰も幸せにしません。

大切なお子さんのためにも、まずはママ・パパ自身が笑顔でいられるよう、本書の内容をぜひ実践してみてください。


最後になりましたが、本書の監修を引き受けてくださった瀬川記念小児神経学クリニックの星野恭子先生、先生の懐の深さと惜しみないご指導に、深く感謝しております。

そして編集に尽力してくださったダイヤモンド社の上村晃大さん、いつも的確な指摘で執筆に伴走してくださり、本当にありがとうございました。

執筆のきっかけをくださった、マザーハウスの山崎大祐さん。山崎さんとのご縁がなければ、この本は生まれませんでした。心から御礼申し上げます。

そして、試験の合間を縫って論文整理を手伝ってくださった松本直子さん、これまで私にご相談くださったクライアントの皆様、私よりも私を信じて応援してくれている夫、すべてのきっかけとなった愛する息子。

皆さんに、心から感謝しています。

この本をきっかけに、正しい夜泣き・寝ぐずりの知識が日本中に広がれば、夜泣きや寝ぐずりで深刻に悩むママ・パパはいなくなるでしょう。

夜泣きや寝ぐずりを予防して解決するのが当たり前の世の中になりますように。

もっと育児も自分の人生も楽しむママ・パパが、日本中にあふれますように。

2019年12月　**森田麻里子**

巻末付録

ちょっとくわしい「エビデンス」の話

エビデンス＝科学的根拠がなぜ重要なのか

ここまで、できる限り医学研究の結果をもとにして、エビデンス（科学的根拠）に基づいた快眠メソッドを解説してきました。この巻末付録では、

・エビデンスとは一体何か、なぜ重要なのか
・エビデンスのレベル分けがどのように行われているか
・この本の内容がどの程度エビデンスに基づいているのか

について、詳しくお話しししていきます。

この巻末付録は、必ずしもすべてのママ・パパが読む必要はありません。赤ちゃんの睡眠を改善するためには、第7章まで読んでいただければ十分です。

ですが、もしちょっと余裕があって、この本の正しさについてもっと知りたい方

がいましたら、ぜひ読んでいただけると嬉しいです。

エビデンスとは、日本語で「**科学的根拠**」と訳されます。夜泣きや寝ぐずりへの効果が、決められた方法で証明されていれば、それは「エビデンスに基づいている」ということができます。

なぜ、このエビデンスが大切なのでしょうか？　それは、**根拠のない育児論・育児方法を押しつけるのは、ママ・パパの助けになるどころか、追いつめてしまうことがある**からです。

育児に関する情報は、ネットにも、本や雑誌にもあふれています。でも、その情報がどのくらいの根拠に基づいているのか書いてあるものは、ほとんどありません。その結果、単なる個人の意見なのに、あたかもそれが育児の原則だと勘違いされてしまうのです。

もちろん本当に必要ながまんであれば、しかたないことはあります。たとえば、赤ちゃんを産む前には、必ず妊娠の期間があります。妊娠中は、お腹が大きく重くなって生活に不便ですが、これはしかたのないことです。でも、根拠のない通説を真に受けてがまんをしたり、「赤ちゃんが寝つかないのは私の愛情が足りないからだ」と罪悪感を持ったりすることに、ママ・パパのメリットはありません。単なる負担にしかならないのです。

エビデンスの穴を経験で埋める

もちろん、エビデンスだって万能なものではありません。テーマによっては、現実的に研究できないことがあります。研究をするには膨大な労力や時間、お金が必要です。それに見合う結果が出る可能性が低いと、率先して研究をする人がおらず、研究が進みません。

たとえば「○○を食べると健康によい」という大まかな方向性が研究によって示されていたとしても、いつ、どのように食べるとよいかまでは検証されていなかったりします。同じような理由で、欧米人を対象にした研究に比べ、日本人を対象にした研究は数が少なく、規模も小さいものが多いです。

それでは、知りたいと思ったことについて研究が行われていなかったら、どうすればよいでしょうか？　研究は大まかな方向性は示してくれますが、実際の状況に適用するときには、たくさんの「こんなときはどうする？」という疑問が湧いてきます。ここで、「科学ではわかりません」というのは簡単ですし、ある意味正しいことかもしれません。

それでも、ママ・パパは育児から逃げることはできません。試行錯誤しながら、極端な話サイコロを振ってでも、なんとかそのご家庭での答えを見つけていかなければいけないのです。

経験からの知恵は、ここで初めて役に立ちます。私は、個人の経験や体験談を否定するつもりはありません。個人の経験談を参考にするのが悪いわけではなく、**研究結果からの結論と経験談からの知恵に、優先順位をつけて使い分けすることが大切**なのです。

このような考えから、たとえエビデンスの観点からは不十分だったとしても、現時点ではおそらくこうしたほうがよいだろうという私の経験からの知恵も、本書では併せてお伝えすることにしました。人間の体についての知識、さまざまな研究や文献からの知識、私のクライアントさんに関わる中で積み重なった経験から、ママ・パパの毎日の生活に役立てていただけることもあるからです。

エビデンスには強弱がある

エビデンスはよく「ある、なし」で語られますが、実はそれは正確ではありません。たとえば、「こんな方法を試したら、うまくいったケースがありました」という報告の形の論文が一つあったとします。そうしたら、その論文に書かれた方法は、「エビデンスがある」といってよいのでしょうか？　このような形式の論文は「症例報告」といいます。

もちろん、今後の研究テーマの種になったり、同じような状況で困っている人の役に立ったりします。

ただし、ある治療法の有効性を客観的に評価するには不十分といわざるをえません。この場合、「エビデンスレベルの弱い研究に基づいている」というのがより正確だと思います。

実は**エビデンスとは、黒か白かで語れるものではなく、強いか弱いかのグラデーションになっているもの**なのです。そしてそのエビデンスの強さ（**エビデンスレベル**）は、研究の種類や規模などによって決まります。ある方法の効果が研究で確かめられたといっても、その研究が1回だけのアンケート調査を集計した研究なのか、被験者をランダムにグループ分けして片方のグループにのみ実際にその方法をやってもらい、比較して効果を確かめた研究なのかによって、効果の信憑性は変わってきます。また、1万人を調べた研究なのか、10人を調べた研究なのかによっても、信憑性は変わるはずです。

この本は、夜泣きや寝ぐずりに悩むママ・パパのための「ガイドライン」となることを目指しました。医療の分野では「糖尿病治療ガイドライン」「高血圧治療ガイドライン」など、病気の診療にあたって医師が参考にするガイドラインがあります。ガイドラインには、エビデンスレベルがいちばん高い治療法だけでなく、エビデンスレベルがやや低い治療法も書かれています。一つの方法がすべての患者さんに当てはまるわけではないので、それぞれの患者さんに合わせていちばんよい方法を選べるようにしているのです。ただし、それぞれの内容の重要度がわかるように、エビデンスレベル1、エビデンスレベル2、といったような形で、エビデンスレベルの分類が示されています。

本書の内容のエビデンスレベルがどれくらいかについては、根拠となる論文の研

図表8-1 **専門家の意見は最下位**
——研究とエビデンスレベルの関係

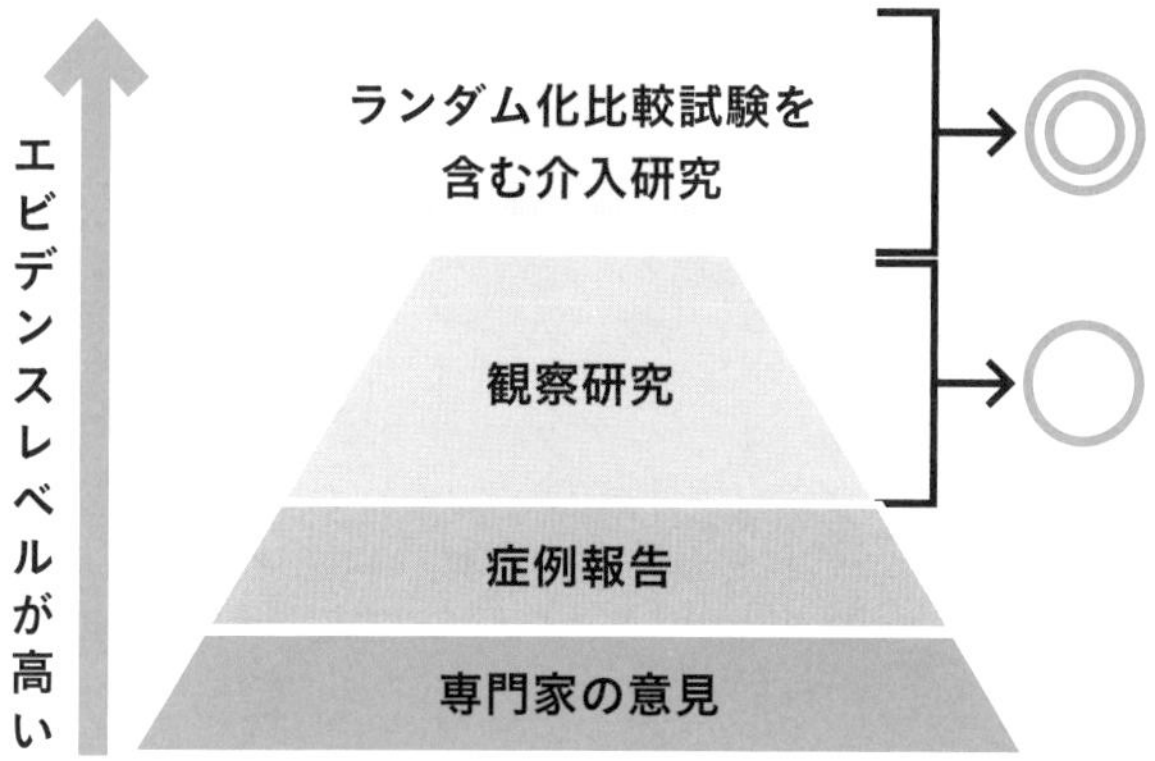

究デザインによって、図表8－1のように分類しました。

この三角形の図は、上に行くほどエビデンスレベルが高いことを示しています。医学研究は大きく分けると2つ、**介入研究**と**観察研究**に分かれます。介入研究とは、研究者が被験者に対して、健康状態に影響を与える介入を行うものです。たとえば、患者さんを集めてある治療法を試したりします。観察研究は、研究者が介入を行うのではなく、調査によって集めたデータを解析する研究方法です。

一般に、介入研究のほうが観察研究よりエビデンスレベルは高いです。もちろん、被験者が10人もいないようなとても規模が小さい介入研究が、数万人規模の大規模な観察研究より必ずしも信頼できる結果であるとはいえないと思います。しかし、本書では話をわかりやすくするため、このような分類にしました。**おすすめする内容が介入研究の結果からいえることや、医学書に載るくらいの確かな内容であれば◎マークを、観察研究の結果からいえることには○マークを本文中につけています**。

介入研究の中でも特にエビデンスレベルが高いのは、**ランダム化比較試験**と呼ばれるタイプの研究です。この研究では、被験者を集めて介入を行うグループ（**介入群**）と、比較対象であるグループ（**コントロール群**）にランダムに割り当てます。

なぜ、コントロール群をわざわざ設定するかというと、介入の効果を確かめるには、介入を行わないグループを用意して比較をする必要があるからです。たとえば、第6章の＊2で引用した論文を考えてみましょう。この論文では、生後6カ月から1歳の赤ちゃん156人を対象にランダム化比較試験を行っています。156人をランダムに2グループに分け、介入群だけにねんねトレーニングを行ってもらい、コントロール群ではねんトレの指導を行いませんでした。その結果、2カ月経った後、介入群の赤ちゃんのほうが、コントロール群の赤ちゃんより睡眠トラブルが改善した割合が高かったのです。

さて、仮にこのグループ分けがランダムでなかったとしたら、どうでしょうか？　研究者やその協力者の判断でグループ分けをするとしたら、意識的にであっても無意識的にであっても、研究結果をよく見せるために、より「夜泣きがよくなりそう」な赤ちゃんを介入群に割り当ててしまう可能性があります。つまり、介入群で夜泣きが改善したのは、ねんトレの効果なのか、それとももともと何もしなくても夜泣きがよくなる赤ちゃんだったからなのか、わからなくなってしまうのです。

このような偏ったグループ分けを避けるため、ランダム化という工夫が行われているのが、ランダム化比較試験です。介入研究の中には、ランダム化しない比較試験や、コントロール群のない介入研究もありますが、これらはランダム化比較試験よりエビデンスレベルは低くなります。

とはいえ、介入研究も万能ではありません。介入研究を行うには、被験者集め、介入、効果測定など、非常にたくさんの手間がかかります。また、事前に害があるかもしれないとわかっていることについて介入研究をしようとしても、わざわざ健康な被験者に行うことは、倫理的にできません。

そこで登場するのが、**観察研究**です。新たに介入を行うのではなく、集めたデータからできるだけ正確な結果が出せるよう、研究の進め方が工夫されています。

赤ちゃんの睡眠というニッチな分野なので、ほかの分野に比べて研究の数自体が少なく、研究規模が小さいものも多いです。しかしその中でも、大まかな根拠レベルを記載しています。それぞれの方法をご家庭で取り入れるかどうかの判断の参考にしていただけたらと思います。

参考文献とその解説

これから、ここまでに参考にした文献の内容について、本文に書いた内容より少し詳しく解説していきます。できるだけわかりやすい解説を心がけましたが、説明するうえで、専門用語を使ったほうが回りくどくなく表現できる概念がいくつかあります。最初に2つだけ、言葉の意味を説明させてください。

有意：ある研究で、それぞれ10人に試してみたところ、方法Aは6人に効果があり、方法Bは4人に効果があったとします。しかし、これだけでは、本当に方法Aが方法Bより効果的かどうかはわかりません。もしもう一度、同じように10人に試したら、方法Aは4人、方法Bは6人に効果が出る可能性だってあります。でも、たとえばそれぞれ1000万人に試して方法Aは600万人、方法Bは400万人に効果があったとすれば、AがBより優れている可能性はもっと高くなります。どちらも6割の人に効果があったという結果でも、その信憑性は、研究の規模などによって変わってくるのです。統計学の方法を使うと、このような研究を行った場合に、

AがBより優れている確率がどのくらいあるかを計算することができます。通常、その確率が95％以上であるとき、「有意」な差があるという言葉で表現します。

コントロール群：薬の効果を確かめるとき、薬Aを飲んだら10人中8人に効果があったとしても、それだけで薬Aに効果があるとは言えません。小麦粉だけでできたような、何の効果もないはずの薬B（プラセボ）をそれと知らずに飲んだら、やはり8人に効果がでる可能性もあるのです。このように、なにかの薬や方法の効果を確かめるには、その方法を使わないグループを用意して、比較をする必要があります。この比較対象になるグループのことを、コントロール群と呼びます。

本文の解説中にもある程度研究の内容は記載していますが、根拠となる研究の具体的な内容をもっと知りたい場合に、参考にしていただきたいと思います。

はじめに

＊1 Mindell JA, Sadeh A, Kohyama J, How TH（2010）Parental behaviors and sleep outcomes in infants and toddlers: a cross-cultural comparison, *Sleep Med*, 11(4)：393-9.

17の国と地域の赤ちゃん約3万人を対象に行われたアンケート調査による観察研究。夜泣きの頻度に影響する一番の因子は、夜中目が覚めたときに授乳で寝ついていること。2番目は、夜寝るときに親がそばにいる状態で寝ついていること。3番目は夜中目が覚めたときにミルクを飲んで寝ついていること。親子が同じ寝室で寝ているか別の寝室で寝ているかが、夜泣きに与える影響は比較的小さい。

＊2 Anders TF, Halpern LF, Hua J（1992）Sleeping through the night: a developmental perspective, *Pediatrics*, 90(4)：554-60.

アメリカで赤ちゃん21人が生後3週および生後3カ月のときに寝ている様子を一晩ビデオ撮影し、生後3週、生後3カ月、生後8カ月のときにアンケート調査も併せて行った観察研究。生後3カ月を超えてからも、寝ついてからそっとお布団に下ろされている赤ちゃんは、夜泣きする確率が高い。

＊3 Price AM, Wake M, Ukoumunne OC, Hiscock H（2012）Five-year follow-up of harms and benefits of behavioral infant sleep intervention: randomized trial, *Pediatrics*, 130(4)：643-51.
オーストラリアで、睡眠トラブルを抱える生後7カ月の赤ちゃん326人を対象として行われたランダム化比較試験。赤ちゃんをランダムに2グループに分けて片方のグループだけ、生後8～10カ月のあいだにねんねトレーニングを行い、5年後に、子どもの精神面の発達や愛着障害を含む親子関係のテストの点数を比較した。その結果、2つのグループで点数に差はなかった。

第1章

＊1 Kryger M, Roth T, Dement WC（2017）*Principles and Practice of Sleep Medicine*, 6e, Elsevier.
睡眠医学で30年近く定番となっている教科書。

＊2　Ardura J, Gutierrez R, Andres J, Agapito T (2003) Emergence and evolution of the circadian rhythm of melatonin in children, *Horm Res*, 59(2): 66-72.
スペインで行われた、新生児～2歳になるまでの子ども55人に対する観察研究。1日4～6回、4日間にわたって尿や唾液のサンプルをあつめ、メラトニンの量を測定した。すると、生後21日までの赤ちゃんでは昼と夜で有意なメラトニン濃度の差はなかったが、生後27～41日以上の赤ちゃんのグループでは明らかに夜のメラトニン濃度が昼より高くなっていた。3カ月を過ぎた赤ちゃんでは、夜にはメラトニン濃度が高くなって眠り、昼はメラトニン濃度が下がって活動するというリズムがはっきりと見られた。

＊3　Kryger M, Roth T, Dement WC (2017).
↓218頁

第2章

＊1　Thorpe K, Staton S, Sawyer E, Pattinson C, Haden C, Smith S (2015) Napping,

development and health from 0 to 5 years: a systematic review, *Arch Dis Child*, 100(7): 615–22.
26の観察研究のシステマティックレビュー。2歳以上の昼寝は、夜の就寝時間が遅いことや、夜の睡眠が短く質も悪いことと関連する。

*2 アメリカ国立睡眠財団ウェブサイト
〈https://www.sleepfoundation.org/articles/how-much-sleep-do-we-really-need〉

*3 Taveras EM, Rifas-Shiman SL, Oken E, Gunderson EP, Gillman MW (2008) Short sleep duration in infancy and risk of childhood overweight, *Arch Pediatr Adolesc Med*, 162(4): 305–11.
アメリカの915人の赤ちゃんの親を対象に、生後6カ月、1歳、2歳時点でアンケート調査を行った観察研究。2歳までの平均睡眠時間が一日合計12時間未満だと、12時間以上の子どもに比べて約1・7倍、3歳時点での肥満が多い。

＊4 Sekine M, Yamagami T, Hamanishi S, Handa K, Saito T, Nanri S, Kawaminami K, Tokui N, Yoshida K, Kagamimori S（2002）Parental obesity, lifestyle factors and obesity in preschool children: results of the Toyama Birth Cohort study, *J Epidemiol*, 12(1)：33-9.
富山大学の関根道和教授らのグループが行った、3歳時点での子どもの生活習慣と肥満についての観察研究。平成元年度に富山県で生まれた子約8000人を対象にアンケート調査を行った。肥満の割合は、夜の睡眠時間が9時間未満のグループで10・5％だったのに対し、11時間以上のグループでは7・4％だった。

＊5 関根道和、山上孝司、鏡森定信「富山出生コホート研究からみた小児の生活習慣と肥満」『日本小児循環器学会雑誌』2008年第24巻第5号、pp.589-97
富山大学の関根道和教授らのグループによる、平成元年度に富山県で生まれた子約1万人を追跡した、一連の観察研究をまとめた論文。3歳の時点で夜の睡眠時間が9時間未満のグループは、11時間以上のグループと比べて、小学校4年生になった時の肥満が多かった（オッズ比1・50）。中学校1年生時点での肥満についても同様に、睡眠時間が短いグループで多かった（オッズ比1・59）。

＊６ Touchette E, Petit D, Seguin JR, Boivin M, Tremblay RE, Montplaisir JY（2007）Associations between sleep duration patterns and behavioral/cognitive functioning at school entry, *Sleep*; 30(9)：1213-9.
カナダの１４９２人の子どもについて、２歳半、３歳半、４歳、５歳、６歳時点での夜の睡眠時間を調査した観察研究。その結果、夜の睡眠時間はずっと８〜９時間程度の子、途中から長くなる子、ずっと10時間程度の子、ずっと11時間程度の子の４パターンに分けられた。８〜９時間程度の短い睡眠がずっと続く子は全体の６％だった。

＊７ Weissbluth M（1995）Naps in children: 6 months-7 years, *Sleep*; 18(2)：82-7.
アメリカの１７２人の子どもを、生後６カ月から６歳まで追跡して調査した観察研究。生後６カ月だとお昼寝３回の赤ちゃんが16％、２回の赤ちゃんが84％。生後９カ月になると２回の赤ちゃんが91％。１歳では２回の子どもが81％、１回の子どもが17％。１歳半だと２回の子どもが23％、１回の子どもが77％。２歳では１回の子どもが94％だった。

＊８ アメリカ国立睡眠財団 アメリカ睡眠調査２００４

〈https://www.sleepfoundation.org/professionals/sleep-america-polls/2004-children-and-sleep〉

＊9 Komada Y, Asaoka S, Abe T, Matsuura N, Kagimura T, Shirakawa S, Inoue Y（2012）Relationship between napping pattern and nocturnal sleep among Japanese nursery school children, *Sleep Med*, 13(1)：107–10.
東京医科大学・駒田陽子博士らのグループが渋谷区の保育園で行った、保育園児の睡眠に関する観察研究。0～5歳の子ども967人を調べたところ、2歳以上の幼児については、お昼寝の時間が長ければ長いほど、就寝時間が有意に遅くなっていた。

＊10 Coons S, Guilleminault C（1984）Development of consolidated sleep and wakeful periods in relation to the day/night cycle in infancy, *Dev Med Child Neurol*, 26(2)：169–76.
アメリカの生後3週～6カ月の赤ちゃん30人について、24時間脳波を計測した観察研究。1日のうちでいちばん長く覚醒していられる時間は生後3週、6週、3カ月では平均2時間程度、生後4カ月半では2時間半、生後6カ月では3時間半。生後6週頃から徐々に、

夜に長く眠るようになる。

＊11 Mindell JA, Owens JA（2015）*A Clinical Guide to Pediatric Sleep: Diagnosis and Management of Sleep Problems*, 3e, LWW.
乳幼児の睡眠の研究を多数行っている研究者による小児睡眠医学の教科書。

＊12 アメリカ国立睡眠財団 アメリカ睡眠調査２００４
〈https://www.sleepfoundation.org/sleep-polls-data/sleep-in-america-poll/2004-children-and-sleep〉

第３章

＊1 厚生労働省『健康づくりのための睡眠指針２０１４』
〈https://www.mhlw.go.jp/file/06-Seisakujouhou-10900000-Kenkoukyoku/0000047221.pdf〉

＊2 アメリカ国立睡眠財団ウェブサイト
〈https://www.sleepfoundation.org/bedroom-environment/touch/what-temperature-should-your-bedroom-be〉

＊3 Franco P, Seret N, Van Hees JN, Scaillet S, Groswasser J, Kahn A（2005）Influence of swaddling on sleep and arousal characteristics of healthy infants, *Pediatrics*, 115(5)：1307–11.
ベルギーの生後1～3カ月の赤ちゃん16人を対象とした介入研究。おくるみをした状態としない状態で寝かせて脳波を測定したところ、おくるみをしたほうがノンレム睡眠が増え（51・9％VS44・8％）、睡眠途中の覚醒時間も減った（3・2％VS9・1％）。

＊4 Task Force on Sudden Infant Death Syndrome（2016）SIDS and Other Sleep-Related Infant Deaths: Updated 2016 Recommendations for a Safe Infant Sleeping Environment, *Pediatrics*, 138(5)：e20162938.
アメリカ小児学会による、乳幼児突然死症候群のリスクを下げるための推奨事項。

＊５ Fukumizu M, Kaga M, Kohyama J, Hayes MJ (2005) Sleep-related nighttime crying (yonaki) in Japan: a community-based study, *Pediatrics*, 115(Supplement 1): 217–24.

国立精神・神経医療研究センター・福水道郎医師らのグループが行った、日本の子どもの夜泣きに関する観察研究。生後３～６カ月の赤ちゃん１７０人、１歳半～１歳９カ月の子ども１７４人、３歳～３歳５カ月の子ども１３７人の合計４８１人の母親を対象に、アンケート調査を行った。その結果、生後３～６カ月で、夜泣きをしない赤ちゃんのうちベビーベッドで寝ていたのは41・６％だったのに対し、夜泣きをする赤ちゃんのうちベビーベッドに寝ていたのは18・８％だった。１歳半～１歳９カ月では、就寝時間が不規則な子に夜泣きが多く、３歳～３歳５カ月では夜の睡眠時間が９・５～10・５時間程度の子どもに夜泣きが少なかった。

＊６ Thach BT, Rutherford GW, Jr., Harris K (2007). Deaths and injuries attributed to infant crib bumper pads, *J Pediatr*, 151 (3): 271–4, 4 e1–3.

アメリカの市販されている製品と関連する事故情報のデータを使い、１９８５年～２００５年のベッドバンパーに関する事故を調べた観察研究。27の死亡例と、25の傷害事例は、ベッドバンパーが原因だとされていた。

＊7　アメリカ食品医薬品局ウェブサイト
〈https://www.fda.gov/consumers/consumer-updates/do-not-use-infant-sleep-positioners-due-risk-suffocation#1〉

＊8　Spencer JA, Moran DJ, Lee A, Talbert D（1990）White noise and sleep induction, *Arch Dis Child*; 65(1)：135-7.
イギリスの新生児40人を対象としたランダム化比較試験。赤ちゃんをランダムに2グループに分け、片方のグループだけに67dBのホワイトノイズを聞かせた。5分以内に寝ついた赤ちゃんは、コントロール群で25％、ホワイトノイズを聞かせたグループでは80％だった。

＊9　Stanchina ML, Abu-Hijleh M, Chaudhry BK, Carlisle CC, Millman RP（2005）The influence of white noise on sleep in subjects exposed to ICU noise, *Sleep Med*; 6(5)：423-8.

アメリカで4人の成人ボランティアに雑音を聞かせながら眠ってもらい、そのあいだの脳波を測定した介入研究。何も聞かせなかった場合は1時間に平均13回、脳波の上で覚醒があったが、ICUで録音した雑音を聞かせると、平均48回に増えた。しかし、同じICUの雑音にホワイトノイズを重ねて流すと、平均16回と、夜中の覚醒が少なくなった。

第4章

*1 Mindell JA, Telofski LS, Wiegand B, Kurtz ES (2009) A nightly bedtime routine: impact on sleep in young children and maternal mood, *Sleep*; 32(5): 599-606.
アメリカの生後7カ月〜1歳5カ月の赤ちゃんと1歳6カ月〜3歳の子ども合わせて405人を対象に行われたランダム化比較試験。ランダムに2グループに分け、片方のグループにだけ2週間ルーティーンを行ってもらった。ルーティーンの内容は、お風呂→マッサージ/スキンケア→静かな活動（抱きしめる、子守唄を歌う）。ルーティーンを行ったグループでは、寝つくまでの時間は平均で20・8分から12・4分に短縮され、夜中に目が覚める回数も平均で1・6回から1・0回に減少した。コントロール群と比べても、有意

差が認められた。

＊2 Mindell JA, Li AM, Sadeh A, Kwon R, Goh DY (2015). Bedtime routines for young children: a dose-dependent association with sleep outcomes, *Sleep*, 38(5): 717-22.
14の国と地域の0～5歳の子どもを持つ1万人以上の母親を対象に行われたアンケート調査の観察研究。1週間のうちにルーティーンを行う日が多ければ多いほど、睡眠問題も少ないことがわかった。たとえば、0～2歳の子どもでは、ルーティーンをまったくしない家庭の寝つきにかかる時間は約24分、毎日行う家庭では約18分。夜中に覚醒している時間も、それぞれ約67分と19分だった。

＊3 株式会社住環境研究所『「寝る2時間前に過ごす空間の光環境の変化」による睡眠状況の改善と精神の健全性への影響を検証』２０１５年10月21日プレスリリース
〈https://www.sekisuiheim.com/info/press/20151021.html〉
株式会社住環境研究所と福田一彦・江戸川大学社会学部教授（人間心理学科）による研究結果。20～50代男女およびその家族23名を２グループに分け、一方のグループだけ、寝る

2時間前に過ごす部屋の照明の照度を50ルクス以下かつ電球色に変更した。すると、変更なしグループの入眠時刻は21分遅くなった一方、変更ありグループは8分早くなった。

＊4 Kryger M, Roth T, Dement WC（2017).

↓218頁

＊5 Garrison MM, Liekweg K, Christakis DA（2011）Media use and child sleep: the impact of content, timing, and environment, *Pediatrics*, 128(1); 29-35.
アメリカの3～5歳の子ども612人を対象に行われたアンケート調査による観察研究。19時以降にテレビを見ていると、テレビを見る時間が多ければ多いほど、睡眠問題の点数も悪くなっていた。

＊6 Lack G, Fox D, Northstone K, Golding J; Avon Longitudinal Study of Parents and Children Study Team（2003）Factors associated with the development of peanut allergy in childhood, *N Engl J Med*, 348(11)：977-85.

イギリスの子どもたち約1万4000人を追跡している研究のデータから、ピーナッツアレルギーのリスク要因について調べた観察研究。ピーナッツオイルの入った保湿剤などを塗っていると、オッズ比にして6・8倍ピーナッツアレルギーのリスクが高かった。

＊7　日本口腔衛生学会、フッ化物応用委員会『フッ化物配合歯磨剤に関する日本口腔衛生学会の考え方』2018年
〈http://www.kokuhoken.or.jp/jsdh/file/statement/201803_fluoride.pdf〉

＊8　土師知己ほか「「読み聞かせ」中の母子の脳活動：ｆＭＩＲＳによる計測」『日本生理学会大会発表要旨集』2007年、169頁

第5章

＊1　Mindell JA, Owens JA (2015).
↓224頁

＊2 Mindell JA, Sadeh A, Kohyama J, How TH (2010).
↓217頁

＊3 Mindell JA, Owens JA (2015).
↓224頁

＊4 本郷寛子、瀬尾智子、水野紀子編著、水野克己監修『これでナットク母乳育児』へるす出版、2009年
国際ラクテーションコンサルタントの資格を持つ小児科医である、昭和大学医学部小児科の水野克己教授が監修した母乳育児の解説書。

＊5 Turgeon H, Wright J (2014) *The Happy Sleeper: The Science-Backed Guide to Helping Your Baby Get a Good Night's Sleep-Newborn to School Age*, TarcherPerigee.
アメリカの心理療法士が書いた子どもの睡眠の一般書。

＊6 Turgeon H, Wright J (2014).

↓232頁

第6章

＊1 Ramchandani P, Wiggs L, Webb V, Stores G（2000）A systematic review of treatments for settling problems and night waking in young children, *BMJ*; 320(7229):209-13.

寝ぐずり・夜泣きに対する、行動療法（夜泣き・寝ぐずり対策、ねんねトレーニングにあたる内容）と薬物療法の効果を解析したシステマティックレビュー。レビューが行われた論文のねんトレ法はさまざまに異なっているが、薬物療法は短期的効果のみであったのに対し、ねんトレは短期的に効果が認められただけでなく、長期的にも効果がある可能性が高いことがわかった。

＊2 Hiscock H, Wake M（2002）Randomized controlled trial of behavioural infant sleep intervention to improve infant sleep and maternal mood, *BMJ*; 324(7345):1062-5.

オーストラリアで生後6カ月〜1歳の赤ちゃん156人を対象に行われたランダム化比較試験。一方のグループにだけ段階的消去法（151頁の図表6-1に従ったねんトレ）、または寝かしつけに少しずつ手をかけないようにしていく方法で、ねんトレを行った。すると、ねんトレをしたグループでは2カ月後に70％が改善、何もしなかったグループで47％が改善した。

＊3 Gradisar M, Jackson K, Spurrier NJ, Gibson J, Whitham J, Williams AS, Dolby R, Kennaway DJ (2016) Behavioral Interventions for Infant Sleep Problems: A Randomized Controlled Trial, *Pediatrics*, 137(6): pii: e20151486.
オーストラリアで生後6カ月〜1歳4カ月の子ども43人を対象に行ったランダム化比較試験。段階的消去法を行うグループ、就寝時間を遅くする方法を行うグループ、睡眠についての教育のみ行うグループにランダムに分け、効果を比較した。教育のみ行うグループに比べて、段階的消去法を行うグループは寝つきが12分早くなり、夜中に目が覚める回数も減った。

＊4　Ferber R（2006）*Solve Your Child's Sleep Problems*, Touchstone.
睡眠を専門とするアメリカの小児科医が書いた、子どもの睡眠の一般書。

＊5　Price AM, Wake M, Ukoumunne OC, Hiscock H（2012）.
↓218頁

＊6　Van IMH, Hubbard FO（2000）Are infant crying and maternal responsiveness during the first year related to infant-mother attachment at 15 months? *Attach Hum Dev*, 2(3): 371–91.
オランダの観察研究。赤ちゃんがいる家庭50戸を、生後3週間から9カ月まで3週間ごとに訪問して、赤ちゃんが泣く様子や親の対応を観察した。その後赤ちゃんが1歳3カ月になったときの愛着パターンを評価したところ、特に回避型の子どもは安定型の子どもよりも、泣いたときにより素早く親が反応していた。たとえば、生後3カ月前後の時期に、回避型の子どもの親は赤ちゃんの泣いた回数の平均71％にすぐ反応していたが、安定型の子どもの親は平均47％だった。

＊7　Mindell JA, Sadeh A, Kohyama J, How TH (2010).
→217頁

＊8　Gradisar M, Jackson K, Spurrier NJ, Gibson J, Whitham J, Williams AS, Dolby R, Kennaway DJ (2016).
→234頁

＊9　Hiscock H, Bayer J, Gold L, Hampton A, Ukoumunne OC, Wake M (2007). Improving infant sleep and maternal mental health: a cluster randomised trial, *Arch Dis Child*; 92(11): 952-8.

オーストラリアで生後7カ月の赤ちゃん328人を対象に行われたランダム化比較試験。一方のグループにだけ段階的消去法、または寝かしつけに少しずつ手をかけないようにしていく方法でねんトレを行った。すると、生後10カ月時点で、ねんトレをしたグループでは44%が改善し、何もしなかったグループでは32%が改善した。

＊10　Hiscock H, Wake M (2002).

→233頁

＊11　Hall WA, Hutton E, Brant RF, Collet JP, Gregg K, Saunders R, Ipsiroglu O, Gafni A, Triolet K, Tse L, Bhagat R, Wooldridge J (2015) A randomized controlled trial of an intervention for infants' behavioral sleep problems, *BMC Pediatr*, 15:181.

カナダで235人の生後6～8カ月の赤ちゃんを対象に行われたランダム化比較試験。眠いサインやルーティーン、赤ちゃんに必要な睡眠時間などの教育と段階的消去法を組み合わせたところ、親の疲れ度合いが改善した。介入群での人種構成は、カナダ人50％、中国人10％、ヨーロッパ人14％、南アジア人9％、その他17％となっており、コントロール群もほぼ同様の構成。

＊12　Zhou Y, Aris IM, Tan SS, Cai S, Tint MT, Krishnaswamy G, et al. (2015). Sleep duration and growth outcomes across the first two years of life in the GUSTO study, *Sleep Med*, 16 (10): 1281–6.

シンガポールの赤ちゃん８９９人を対象にした観察研究。生後３カ月の時点で合計睡眠時間が12時間以下のグループでは、睡眠時間が短いほど、身長が低くＢＭＩが高いことがわかった。

＊13 Crosby B, LeBourgeois MK, Harsh J（2005）Racial differences in reported napping and nocturnal sleep in 2- to 8-year-old children, *Pediatrics*, 115(1 Suppl)：225–32.
アメリカの２〜８歳の子ども１０４３人を対象にお昼寝の様子を調査し、白人と黒人の違いを比較した観察研究。８歳の時点で週１回以上お昼寝している子どもは、白人では４・９％だったが黒人では39・１％だった。しかし、昼と夜の合計睡眠時間はどの年齢でも白人と黒人で変わらなかった。

第７章

＊１ Quillin SI（1997）Infant and mother sleep patterns during 4th postpartum week, *Issues Compr Pediatr Nurs* 20(2)：115–23.

アメリカの生後4週の赤ちゃん44人の睡眠時間を調べた観察研究。睡眠時間は母親に記録してもらったものを使用している。母乳育児の赤ちゃんのほうがミルク育児の赤ちゃんより夜泣きが多く、夜の睡眠時間も少ない。たとえば、第一子の赤ちゃんの場合、母乳だと夜の覚醒回数は平均1・79回、ミルクだと0・92回。夜の睡眠時間はそれぞれ平均6・53時間、6・79時間。ただし、「夜」という言葉は、母親が夜に寝ている時間帯と定義されている。

＊2 Cohen Engler A, Hadash A, Shehadeh N, Pillar G (2012) Breastfeeding may improve nocturnal sleep and reduce infantile colic: potential role of breast milk melatonin, *Eur J Pediatr*, 171(4): 729-32.

イスラエルの生後2〜4カ月の赤ちゃんの母親94人を対象とする観察研究。母乳育児とミルク育児で比較したところ、母乳育児の赤ちゃんのほうが黄昏泣きが少ない（56％VS72・5％）、そして夜に泣く回数は多い（平均1・88回VS1・49回）ものの、夜泣きをしている時間は変わらなかった。

＊３ Doan T, Gardiner A, Gay CL, Lee KA（2007）Breast-feeding increases sleep duration of new parents, *J Perinat Neonatal Nurs*, 21(3)：200-6.
アメリカの生後３カ月の赤ちゃんがいる両親１３３組を対象に行われた観察研究。母乳育児の母親よりもミルク育児の母親のほうが一日に平均40分睡眠時間が短いことがわかった。

＊４ Perkin MR, Bahnson HT, Logan K, Marrs T, Radulovic S, Craven J, Flohr C, Lack G（2018）Association of Early Introduction of Solids With Infant Sleep: A Secondary Analysis of a Randomized Clinical Trial, *JAMA Pediatr*, 172(8)：e180739.
イギリスの生後３カ月の赤ちゃん１２２５人を対象としたランダム化比較試験。離乳食開始時期とアレルギーの関係を知るために行われた、ランダム化比較試験のデータを用いて解析された。赤ちゃんを２グループに分け、一方のグループは生後３カ月から、もう一方のグループは生後６カ月から離乳食を与えたうえで、３歳まで追跡した。すると、生後３カ月から離乳食を与えたグループのほうが追跡期間を通して睡眠時間が長く、その差は期間の平均で７・３分、生後６カ月のときには最大で16・６分だった。夜泣きの回数も、生後３カ月から離乳食を与えたグループのほうが、追跡期間中の平均で９・１％少なかった。

＊5　Task Force On Sudden Infant Death Syndrome (2016).

↓225頁

＊6　Carpenter RG, Irgens LM, Blair PS, England PD, Fleming P, Huber J, jorch G, Schreuder F. (2004). Sudden unexplained infant death in 20 regions in Europe: case control study, *Lancet*, 363(9404): 185-91.

ヨーロッパの20の地域で、７４５人のＳＩＤＳ症例と２４１１人のコントロール群を比較した観察研究。発症のピークは生後10週で、症例の57％が新生児、82％が生後６カ月未満の赤ちゃんだった。親がタバコを吸っていない場合も、赤ちゃんと同じお布団で添い寝をすると、生後８週まではＳＩＤＳのリスクが有意に上昇していた。

＊7　Li DK, Petitti DB, Willinger M, McMahon R, Odouli R, Vu H, Hoffman HJ (2003) Infant sleeping position and the risk of sudden infant death syndrome in California, 1997-2000, *Am J Epidemiol*, 157(5): 446-55.

アメリカのＳＩＤＳ症例１８５人と、３１２人のコントロール群を比較した観察研究。コントロール群では、いつもうつ伏せで寝ている赤ちゃんは13・9％、いつも仰向けなのに調査日にたまたまうつ伏せだった赤ちゃんは1・6％だった。一方でＳＩＤＳ症例群では、いつもうつ伏せの赤ちゃんは18・8％、たまたまうつ伏せになっていた赤ちゃんは9・7％だった。

＊8 アメリカ食品医薬品局ウェブサイト

↓225頁

＊9 Mindell JA, Owens JA (2015).

↓224頁

＊10 Adams LA, Rickert VI (1989) Reducing bedtime tantrums: comparison between positive routines and graduated extinction, *Pediatrics* 84(5): 756-61.

アメリカで行われたランダム化比較試験。1歳半～4歳で夜寝るのを嫌がる36人の子どもをランダムに3グループに分け、1グループは就寝時間を遅らせて楽しいルーティーンを行い、もう1グループは段階的消去法を行った。すると、いずれもコントロール群に比べて寝つきはスムーズになった。親の満足度は、段階的消去法を行ったグループよりも、就寝時間を遅らせる&楽しいルーティーンを行うようにしたグループで高かった。

［監修者］
星野恭子（ほしの・きょうこ）
医療法人社団昌仁醫修会 瀬川記念小児神経学クリニック理事長。
東邦大学医学部卒業。2000年、旧瀬川小児神経学クリニック研修中に「子どもの早起きをすすめる会」を結成。2005年早稲田大学にて時計遺伝子を研究。全国での講演や地方自治体のパンフレット作成、啓発活動に協力、2013年に文部科学大臣表彰。2017年より現職。2018年、第28回日本外来小児科学会において、乳児の睡眠と発達についての演題で優秀演題賞受賞。日本小児神経学会評議員、日本睡眠学会評議員。

［著者］
森田麻里子（もりた・まりこ）
昭和大学病院附属東病院睡眠医療センター非常勤医師、小児睡眠コンサルタント。
東京大学医学部卒業。亀田総合病院にて初期研修後、仙台厚生病院、南相馬市立総合病院にて勤務。2017年に第一子を出産し、現在は小児睡眠コンサルタントとして夜泣きに悩む家族にアドバイスを行っている。
自身の息子が生後2カ月半になったころから毎日6時間寝ぐずりを続ける日々が続いたため、睡眠に関する医学研究を徹底的に調査。1本のメソッドにまとめて実践したところ、息子が3日間で即寝体質に。このとき考案したメソッドをもとに小児睡眠コンサルタントとして活動を開始し、現在に至る。
ハフポスト、日経DUALなどメディア執筆多数。AERA dot.でエビデンスに基づく育児や子どもの医療情報について連載中。

家族そろってぐっすり眠れる
医者が教える赤ちゃん快眠メソッド

2020年1月15日　第1刷発行
2024年8月1日　第6刷発行

著　者――森田麻里子
監修者――星野恭子
発行所――ダイヤモンド社
〒150-8409　東京都渋谷区神宮前6-12-17
https://www.diamond.co.jp/
電話／03-5778-7233（編集）　03-5778-7240（販売）

撮影――岩澤高雄（The VOICE MANAGEMENT）
ヘアメイク――城生なみ子（プラスナイン）
イラスト――STUDIO PAPEL
装丁デザイン――渡邊民人（TYPEFACE）
本文デザイン、DTP――谷関笑子（TYPEFACE）
校正――鷗来堂
製作進行――ダイヤモンド・グラフィック社
印刷――加藤文明社
製本――ブックアート
編集担当――上村晃大

ISBN 978-4-478-10684-6